Alberta D. Jo

SHOTGUN COP
MAN
SPIELANLEITUNG

Meistere den Wahnsinn, schieße durch jedes Level und entfessle die Kraft des reinen Rückstoßes

Kapitel 1: Willkommen bei *Shotgun Cop Man*

1.1 Spielübersicht

Shotgun Cop Man ist ein rasanter 2D-Präzisionsplattformer, der von DeadToast Entertainment entwickelt wurde, die vor allem für ihren Kult-Hit *My Friend Pedro bekannt sind*. Dieser von Devolver Digital veröffentlichte Titel katapultiert die Spieler in einen chaotischen, waffengewaltigen Abstieg durch die Schichten der Hölle, während er einen unkonventionellen und seltsam charmanten Helden spielt - einen glatzköpfigen, daumenförmigen Polizisten, der seine Schrotflintenschüsse nicht nur dazu benutzt, Dämonen auszulöschen, sondern sich auch auf wilde, physikgesteuerte Weise durch die Levels zu katapultieren.

Im Kern basiert *Shotgun Cop Man* auf einem einzigartigen und innovativen Bewegungssystem, das das traditionelle Jump'n'Run neu definiert. Anstatt zu springen, treiben sich die Spieler mit dem Rückstoß ihrer Schusswaffen fort. Diese Mechanik ist nicht nur das Herzstück der Fortbewegung, sondern auch eng mit dem Kampf verbunden und erfordert, dass die Spieler sowohl den Schwung als auch die Treffsicherheit gleichzeitig beherrschen. Jeder Schuss zählt, egal ob es darum geht, eine Lücke zu räumen, einem Stachel auszuweichen oder einen Feind in der Luft zu erschießen.

Der Ton des Spiels vollzieht eine perfekte Gratwanderung zwischen absurdem Humor und nervenaufreibender Intensität. Die bizarre Grafik, das ungeheuerliche Konzept der "Verhaftung des Satans" und der Daumenpolizist-Protagonist tragen alle zu einer verspielten, unkonventionellen Welt bei. Unter dem albernen

Äußeren verbirgt sich jedoch ein ernsthaft ausgefeiltes Spielerlebnis mit anspruchsvollen Levels, straffer Steuerung und lohnendem Design, das sowohl Gelegenheitsspieler als auch Hardcore-Speedrunner anspricht.

Mit einer soliden Mischung aus Plattform-Präzision, flüssigem Feuergefecht und teuflischen Herausforderungen *zielt Shotgun Cop Man* darauf ab, Fans von Action-Plattformern und Indie-Spielen gleichermaßen zu beeindrucken. Egal, ob du dich für die stilisierte Grafik, die innovative Mechanik oder die Befriedigung entscheidest, höllisch schwierige Levels zu meistern, dieses Spiel bietet ein Erlebnis, das sowohl frisch als auch süchtig machend ist.

Die wichtigsten Funktionen, die in der Übersicht hervorgehoben werden:

- Ein einzigartiges System zur Bewegung des Rückstoßes, das das Springen ersetzt

- Übertriebene Action in einer höllischen, mit Dämonen gefüllten Unterwelt

- Befriedigende Schießereien mit mehreren Waffentypen, darunter Pistolen, Schrotflinten und mehr

- Sorgfältig gestaltete Levels mit Geheimnissen, Abkürzungen und engen Plattform-Sequenzen

- Ein skurriler, humorvoller Ton gepaart mit Hardcore-Gameplay-Tiefe

1.2 Geschichte und Setting

Im verdrehten Universum von *Shotgun Cop Man* wird der Gerechtigkeit nicht mit einem Abzeichen und einem Schlagstock Genüge getan, sondern mit hoher Geschwindigkeit aus dem Lauf einer Schrotflinte. Du schlüpfst in die Rolle des Titelhelden, eines geradlinigen, glatzköpfigen Polizisten mit dem Körper eines Daumens und der Haltung einer Abrissbirne. Die Mission? Ganz einfach: Steige in die Hölle hinab und verhafte Satan selbst.

Die Prämisse

Nach Jahren des unkontrollierten Chaos, der Korruption und der übernatürlichen Verbrechenswellen ist die letzte Grenze zwischen Gesetz und Gesetzlosigkeit überschritten. Die dämonische Unterwelt hat die Grenzen überschritten, und irgendjemand muss das Gesetz erlassen – im wahrsten Sinne des Wortes. Dieser Jemand ist *ein Shotgun Cop Man*, ein unorthodoxer Vollstrecker der Gerechtigkeit, der glaubt, dass kein Täter, nicht einmal Satan, über dem Gesetz steht. Wenn das Böse tief dringt, geht es tiefer – bis in den feurigen Kern der Hölle.

Mit nichts als seinen Schusswaffen und einem eisernen Willen begibt sich Shotgun Cop Man auf einen kompromisslosen Kreuzzug durch mehrere Schichten der Unterwelt, von denen eine verworrener und gefährlicher ist als die andere. Als er sich nach unten wagt, verschwimmt die Grenze zwischen Wahnsinn und Heldentum – aber eines bleibt klar: Satan geht zu Boden, und er geht in Handschellen zu Boden.

Schauplatz: Der Abstieg in die Hölle

Der Schauplatz des Spiels ist eine reichhaltige, stilisierte Interpretation der Hölle – weit entfernt von der traditionellen

Feuer-und-Schwefel-Grube. Jedes Level ist ein handgefertigter Abschnitt der Unterwelt mit seinen eigenen Gefahren, seinem eigenen visuellen Stil und seinen eigenen Feindtypen. Erwartet euch eine bizarre Verschmelzung von Gothic-Horror, absurder Komödie und düsterer Neonästhetik mit Umgebungen, die sowohl schön als auch tödlich sind.

Von zerklüfteten Klippen und brennenden Ruinen bis hin zu verwunschenen Gerichtssälen und biomechanischen Fabriken des Leidens spiegelt das Weltdesign den verrückten Ton des Spiels wider. Es ist eine Welt voller Folgender:

- **Explosionsplattformen und rotierende Fallen**

- **Dämonische Bürokraten und Monster-Anwaltskanzleien**

- **Höllische Arenen, die von mutierten Vollstreckern patrouilliert werden**

- **Versteckte Räume mit Sammlerstücken und dunklen Geheimnissen**

Ton und Erzählstil

Während das Setting in Richtung Chaos und schwarzen Humor tendiert, ist die Geschichte überraschend dicht. Die Erzählung wird durch kurze Zwischensequenzen im Spiel, visuelles Storytelling und gelegentliche Sprachzeilen vermittelt und entfaltet sich mit einer augenzwinkernden Ernsthaftigkeit, die klassische Cop-Dramen und biblische Epen gleichermaßen parodiert. Der Kontrast zwischen der absurden Prämisse des Spiels und seiner dramatischen Umsetzung fügt eine Ebene von ironischem Charme hinzu, die die Geschichte fesselnd und unvergesslich macht.

1.3 Was macht es einzigartig

Shotgun Cop Man sticht aus einem Meer von Indie-Plattformern und Action-Titeln hervor, indem es übertriebene Absurdität mit messerscharfen Gameplay-Mechaniken verbindet. Es bietet nicht nur ein weiteres Jump-and-Shoot-Erlebnis, sondern erfindet die Jump'n'Run-Formel auf eine Weise neu, die sich sowohl frisch als auch süchtig machend anfühlt. Hier ist, was es wirklich auszeichnet:

1. Auf dem Rückstoß basierende Bewegung

Das Herzstück von *Shotgun Cop Man* ist die charakteristische Mechanik: Bewegungen, die vollständig durch Schüsse angetrieben werden. Es gibt **keine Sprungtaste** – stattdessen bewegen sich die Spieler mit dem Rückstoß ihrer Waffen fort. Wenn du eine Schrotflinte nach unten abfeuerst, wirst du mit einem Kraftstoß nach oben geschleudert, während eine Pistole einen leichteren, kontrollierteren Schwebeflug bietet. Dies führt zu einer wilden Verschmelzung von Bewegung und Kampf, die von den Spielern verlangt, schnell zu denken und in Sekundenbruchteilen zu reagieren.

Diese Mechanik ist kein Gimmick – sie ist der zentrale Bestandteil von allem, was du tust, und verwandelt das Fortbewegen in einen fähigkeitsbasierten Tanz aus Schießen, Ausweichen und Schweben durch komplizierte Levels. Es belohnt Kreativität, Experimentieren und Meisterschaft.

2. Ein wahnsinnig origineller Protagonist

Du spielst keinen düsteren Söldner oder einen gepanzerten Space Marine. Du bist *der Shotgun Cop Man* – ein glatzköpfiger, daumenförmiger Gesetzeshüter mit einem permanenten finsteren Blick und einem Abzeichen der Gerechtigkeit. Das Charakterdesign ist urkomisch, bizarr und sofort ikonisch. Seine Persönlichkeit, sein Bewegungsstil und sogar sein Sinn für Gerechtigkeit spiegeln ein Spiel wider, das sich weigert, sich selbst zu ernst zu nehmen, während es dennoch erstklassige Mechaniken und Feinschliff bietet.

3. Thematische Verschmelzung von Komödie und Chaos

Das Spiel verbindet nahtlos dunkle, höllische Umgebungen mit absurder Komödie und cartoonartigem Flair. In der einen Minute weichst du Kreissägen über einer Lavagrube aus; im nächsten fliegst du durch einen Gerichtssaal in der Hölle, in dem dir dämonische Anwälte Aktenkoffer ins Gesicht werfen. Es ist diese Mischung aus **surrealem Humor** und **straffem, anspruchsvollem Gameplay**, die für eine unvergessliche Atmosphäre sorgt. Es macht Spaß, es ist seltsam und es weiß genau, was es tut.

4. Hardcore-Herausforderung mit barrierefreiem Einstieg

Während die Steuerung für Gelegenheitsspieler intuitiv genug ist, bietet *Shotgun Cop Man* die Art von Tiefe, nach der sich Hardcore-Spieler sehnen. Es ist ideal für:

- **Speedrunner**, die die Bewegungstechnologie beherrschen, um in Rekordzeit durch die Levels zu rasen

- **Vervollständiger**, die jedes Geheimnis und Sammlerstück aufdecken wollen

- **Jump'n'Run-Puristen**, die straffes Design und pixelgenaue Ausführung lieben

Diese Balance macht es zu einem Spiel mit echten Beinen – leicht zu heben, schwer abzulegen und noch schwieriger zu meistern.

1.4 Die wichtigsten Funktionen auf einen Blick

Shotgun Cop Man ist vollgepackt mit einer mutigen Mischung aus Innovation, Humor und hochoktanigem Gameplay. Egal, ob du wegen der Herausforderung, des Lachens oder des Chaos hier bist, das Spiel bietet ein unverwechselbares Erlebnis mit Funktionen, die es von typischen Plattformern abheben. Hier ist ein kurzer Blick darauf, was das *Shotgun Cop* Man-Erlebnis ausmacht:

1. Rückstoßbasiertes Plattforming

Vergiss das Springen – deine Bewegung wird ausschließlich durch **den Rückstoß der Waffe angetrieben**. Schieße mit deiner Schrotflinte nach unten, um dich in den Himmel zu schießen, oder benutze deine Pistole für kontrolliertes Schweben in der Luft. Die Beherrschung dieser Mechanik ist unerlässlich, um durch die Levels zu navigieren, Gefahren zu vermeiden und im Angesicht überwältigender Widrigkeiten am Leben zu bleiben.

2. Stilvoller und absurder Held

Schlüpfe in die Rolle von **Shotgun Cop Man**, einem urkomisch bizarren, daumenförmigen Gesetzeshüter auf der Mission, Satan zu verhaften. Sein strenges Auftreten, seine wilden Bewegungen, die sich der Physik widersetzen, und seine völlige Missachtung der Gesetze der Realität machen ihn zu einem der unvergesslichsten Protagonisten in modernen Indie-Spielen.

3. Herausforderndes Präzisions-Jump'n'Run

Jedes Level ist ein sorgfältig gestalteter Spießrutenlauf aus Fallen, Feinden und momentumbasierten Rätseln. Da es keinen Spielraum für Fehler gibt, müssen die Spieler schnelle Reflexe, scharfes Timing und kreativen Einsatz von Gewehrrückstoßbewegungen kombinieren, um zu überleben und erfolgreich zu sein.

4. Übertriebene Bosskämpfe

Stelle dich verdrehten Feinden und höllischen Bossen, jeder mit einzigartigen Mustern und Mechaniken. Diese Kämpfe stellen alle Fähigkeiten, die du verfeinert hast, auf die Probe und zwingen dich, Strategien zu entwickeln, schnell zu reagieren und deine Umgebung zu deinem Vorteil zu nutzen.

5. Verborgene Geheimnisse und Sammlerstücke

Erkundung zahlt sich aus. Finde **versteckte Bereiche, sammelbare Kostüme, Lore-Einträge** und Bonusinhalte, die über das ganze Spiel verstreut sind. Für den Zugang zu einigen sind Expertenkenntnisse erforderlich – perfekt für Komplettierer.

6. Speedrunning-freundliches Design

Die flüssige Steuerung des Spiels, die Timer-basierten Levelabschlüsse und die mit Abkürzungen gespickten Umgebungen machen es zu einem Traum für Speedrunner. Verkette perfekt getimte Schüsse und Skips, um Sekunden von deinem Lauf zu verkürzen und die Bestenlisten zu erklimmen.

7. Dynamische Waffenvielfalt

Neben deiner treuen Schrotflinte und Pistole schaltest **du weitere Schusswaffen** wie Uzis und automatische Schrotflinten frei, die unterschiedliche Rückstoßstärken und -effekte bieten und dir neue Möglichkeiten zum Kämpfen und Fliegen bieten.

8. Charakteristischer visueller und akustischer Stil

Mit einer Kombination aus raffinierten 2D-Animationen, kühnem Charakterdesign und einem hämmernden, adrenalingeladenen Soundtrack *bietet Shotgun Cop Man* ein chaotisches visuelles und auditives Erlebnis, das perfekt zu seinem ausgefallenen Gameplay passt.

9. Lustige Geschichte mit ernsthafter Note

Obwohl die Prämisse absurd ist, bekennt sich das Spiel zu seiner Erzählung und liefert eine skurrile Erzählung mit überraschenden emotionalen Beats. Der Kontrast von Humor und Aufrichtigkeit verleiht deinem Abstieg in die Hölle eine unerwartete Tiefe.

10. Zugänglich und doch tiefgründig

Leicht zu erlernen, schwer zu meistern – egal, ob du ein Plattform-Neuling oder ein Genre-Veteran bist, *Shotgun Cop Man* skaliert mit zunehmender Komplexität und einem lohnenden Gefühl des Fortschritts an dein Können.

Kapitel 2: Beherrschung der Grundlagen

2.1 Erste Schritte: Installation und Einrichtung

Bevor du dich in die rasante, rückstoßende Action von *Shotgun Cop Man stürzt*, musst du das Spiel richtig installieren und konfigurieren, um eine optimale Leistung zu erzielen. Egal, ob du auf PC oder Nintendo Switch spielst, in diesem Abschnitt erfährst du alles, was du brauchst, um mit Leichtigkeit loszulegen.

Systemanforderungen (PC)

Um ein reibungsloses Gameplay zu gewährleisten, stellen Sie sicher, dass Ihr System die folgenden Mindest- und empfohlenen Spezifikationen erfüllt:

Mindestanforderungen

- **Betriebssystem:** Windows 10 (64-Bit)

- **Prozessor:** Intel Core i3 oder AMD Ryzen 3

- **Arbeitsspeicher:** 4 GB RAM

- **Graphics:** NVIDIA GeForce GTX 660 / AMD Radeon HD 7850

- **Speicherplatz:** 3 GB verfügbarer Speicherplatz

Empfohlene Anforderungen

- **Betriebssystem:** Windows 10/11 (64-Bit)

- **Prozessor:** Intel Core i5 oder AMD Ryzen 5

- **Arbeitsspeicher:** 8 GB RAM

- **Grafikkarte:** NVIDIA GTX 1060 / AMD RX 580

- **Speicher:** SSD mit 3 GB freiem Speicherplatz für schnellere Ladezeiten

Installation auf dem PC (Steam)

1. **Laden Sie Steam**
   Visit store.steampowered.com herunter und installieren Sie den Steam-Client, falls Sie ihn noch nicht haben.

2. **Erstellen Sie Ihr Steam-Konto oder melden Sie sich bei Ihrem Steam-Konto an:**
   Starten Sie Steam und melden Sie sich an oder registrieren Sie sich für ein kostenloses Konto.

3. **Suchen Sie nach *Shotgun Cop Man***
   Suchen Sie im Steam Store nach *Shotgun Cop Man* oder besuchen Sie direkt die Store-Seite des Spiels.

4. **Kaufen und installieren**
   Kaufen Sie das Spiel und klicken Sie auf die **Schaltfläche Installieren**. Steam kümmert sich um den Download- und Installationsprozess.

5. **Starten und spielen**

   Nach der Installation klicken Sie in Ihrer Steam-Bibliothek auf Spielen. Passe deine Einstellungen im Optionsmenü an, bevor du dein erstes Level startest.

Installation auf Nintendo Switch

1. **Greifen Sie auf den Nintendo eShop zu**

   Schalten Sie Ihre Switch ein und öffnen Sie den Nintendo eShop vom Startbildschirm aus.

2. **Suche nach *Shotgun Cop Man***

   Benutze die Suchleiste, um das Spiel im eShop zu finden.

3. **Kaufen und Herunterladen**

   Schließen Sie Ihren Kauf ab und das Spiel wird automatisch heruntergeladen.

4. **Starten Sie das Spiel**

   Sobald der Download abgeschlossen ist, erscheint das Spielsymbol auf Ihrem Startbildschirm. Wählen Sie es aus, um die Wiedergabe zu starten.

Tipps zur erstmaligen Einrichtung

- **Controller vs. Tastatur**: Das Spiel unterstützt sowohl Tastatur als auch Gamepad, aber die Verwendung eines Controllers wird dringend empfohlen, um flüssigere Bewegungen und präziseres Zielen zu erzielen.

- **Empfindlichkeit anpassen**: Passe deine Zielempfindlichkeit an deinen Spielstil an. Eine geringere Empfindlichkeit ist oft besser für Präzisionsschüsse bei

Luftmanövern.

- **V-Sync aktivieren oder FPS begrenzen**: Wenn Bildschirmrisse auftreten, aktivieren Sie V-Sync oder legen Sie eine Frame-Obergrenze fest, um eine gleichbleibende Leistung zu gewährleisten.

- **Auflösung und Skalierung**: Stellen Sie die Auflösung auf die ursprüngliche Bildschirmgröße ein und verwenden Sie die Skalierungsoptionen, wenn Sie eine vergrößerte oder breitere Ansicht des Geschehens bevorzugen.

2.2 Die Benutzeroberfläche verstehen

Shotgun Cop Man mag dich in ununterbrochene Action und chaotische Umgebungen schleudern, aber die Benutzeroberfläche (UI) ist so gestaltet, dass sie sauber, klar und sofort lesbar ist. Jedes Element auf dem Bildschirm erfüllt einen Zweck und ermöglicht es Ihnen, sich ohne Unordnung oder Verwirrung auf Ihre Bewegungen, Schüsse und Ihr Überleben zu konzentrieren. Hier ist eine detaillierte Aufschlüsselung dessen, was die einzelnen UI-Komponenten tun und wie sie Ihnen helfen, Ihren höllischen Abstieg zu bewältigen.

1. Gesundheitsleiste

Der Gesundheitsbalken befindet sich in der **oberen linken Ecke** des Bildschirms und stellt die aktuelle Vitalität von Shotgun Cop Man dar.

- Es ist für eine einfache Sichtbarkeit segmentiert, in der Regel mit **3-5 Treffern,** die je nach deinen Upgrades oder dem Schwierigkeitsmodus lebenslang sind.

- Wenn du Schaden durch Feinde, Gefahren oder Fallen aus der Umgebung erleidest, verlierst du ein Segment.

- Gesundheits-Pickups (in der Regel leuchtend rote Medikits) können Segmente auf mittlerer Stufe wiederherstellen.

Profi-Tipp: Gesundheit regeneriert sich nicht automatisch, also sei vorsichtig mit rücksichtslosen Bewegungen. Das Überleben hängt von Präzision ab.

2. Munitionsanzeigen

Direkt unter oder neben der Gesundheitsleiste findest du die **Munitionsanzeige** für deine ausgerüsteten Waffen.

- Die Munitionszahlen sind farbcodiert:

  - **Gelb** für Schrotflinte

  - **Blau** für Pistolen

  - **Rot** für Spezialwaffen (wie automatische Schrotflinten oder Uzis)

- Wenn du feuerst, verringert sich die Munitionszahl. Die meisten Waffen laden nach einer kurzen Verzögerung automatisch nach, aber einige erfordern **taktische Pausen** zwischen den Explosionen.

Profi-Tipp: Die Verwaltung deiner Munition ist genauso wichtig wie das Timing deiner Schüsse – denn deine Bewegung hängt von deiner Feuerkraft ab.

3. Fadenkreuz / Zielcursor

Das **Fadenkreuz** oder Fadenkreuz ist dein Wegweiser, wohin deine nächste Explosion gehen wird.

- Sie ändert sich dynamisch je nach Waffe und Zielrichtung.

- Sie können es mit dem rechten Analogstick oder der rechten Maus um 360° drehen, was Ihnen die volle Kontrolle über das Zielen und die Flugbahn gibt.

- Je weiter das Fadenkreuz von Shotgun Cop Man entfernt ist, desto stärker und fokussierter ist die Explosionsbahn.

Profi-Tipp: Die Beherrschung der Absehendistanz ist der Schlüssel zur Optimierung des Rückstoßantriebs und der Verkettung von Bewegungen in der Luft.

4. HUD für Checkpoint und Levelfortschritt

Diese Anzeige befindet sich oft in der **oberen rechten Ecke** und zeigt den Status des **Checkpoints, die Tode** und die **Laufzeit an.**

- Die Levels sind durch Checkpoints segmentiert, die deinen Fortschritt speichern und Frustration reduzieren.

- Dein **Todeszähler** ist immer sichtbar – ein sanfter Anstoß zur Verbesserung oder ein Ehrenabzeichen, je nachdem, wie du denkst.

- Timer-basierte Läufe werden für Spieler verfolgt, die Speedrun-Ziele oder Ranglisten verfolgen.

Profi-Tipp: Wenn Sie auf Erfolge, Geheimnisse oder saubere Läufe abzielen, behalten Sie dieses Display genau im Auge.

2.3 Grundlegende Bedienelemente und Eingabeanleitung

Shotgun Cop Man lebt von Präzision, Schwung und schnellen Entscheidungen - und nichts davon ist möglich, ohne die Steuerung zu beherrschen. Egal, ob du auf dem PC oder der Konsole spielst, es ist wichtig zu verstehen, wie man schießt, sich bewegt, zielt und reagiert, um die Hölle zu überleben und dabei cool auszusehen.

In dieser Anleitung werden die Standardsteuerungsschemata für **Tastatur und Maus** sowie **das Gamepad aufgeschlüsselt**, sowie einige schnelle Tipps zum Anpassen der Einstellungen an Ihren Stil.

1. Tastatur- und Maussteuerung (PC)

Aktion	Standard-Schlüssel
Nach links / rechts verschieben	A / D
Ziel (360°)	Mausbewegung
Feuerwaffe	Linke Maustaste

Waffe wechseln	Scrollrad / Q
Nachladen (falls erforderlich)	R
Level / Checkpoint neu starten	Enter / Esc Menü
Pause / Menü	Esc

Tipps:

- Das Zielen mit der Maus gibt Ihnen volle Bewegungsfreiheit. Halten Sie den Cursor nach außen gestreckt, um die Rückstoßdistanz zu maximieren.

- Tap-Shoot mit der Pistole zur Luftkontrolle; Verwende die Schrotflinte, um lange vertikale oder diagonale Schüsse zu verketten.

2. Gamepad-Steuerung (Xbox / PlayStation / Switch Pro)

Aktion	Schaltfläche "Standard"
Nach links / rechts verschieben	Linker Stick
Ziel (360°)	Rechter Stick
Feuerwaffe	Rechter Abzug (RT / R2)

Alternatives Feuer / Waffenwechsel	Linker Auslöser (LT / L2)
Nachladen (falls manuell)	X (Xbox) / Quadratisch (PS)
Neustart / Prüfpunkt	Start oder Auswählen
Pause-Menü	Start / Optionen

Tipps:

- Das Gamepad bietet flüssigere analoge Bewegungen und eine nuanciertere Steuerung für das kreisförmige Zielen.

- Versuchen Sie, **die Zielhilfe** in den Einstellungen zu aktivieren, wenn Sie die Steuerung des Fadenkreuzes noch beherrschen.

3. Erweiterte Eingabeeinstellungen

Du kannst die Steuerung unter **Einstellungen > Eingabe** oder **Steuerung anpassen,** um sie besser an deinen Spielstil anzupassen. Zu den Optionen gehören:

- **Tasten / Tasten neu** binden: Vollständig anpassbar auf dem PC.

- **Zielempfindlichkeit**: Passen Sie an, wie schnell sich Ihr Zielcursor bewegt. Niedriger für Präzision, höher für Geschwindigkeit.

- **Vibration**: Aktivieren oder deaktivieren Sie das Controller-Feedback.

- **Zielachse** umkehren: Schalten Sie die vertikale/horizontale Zielumkehr nach persönlichen Vorlieben um.

4. Beherrschung der Bewegung durch Feuerkraft

Im Gegensatz zu herkömmlichen Plattformern gibt es **in** Shotgun Cop Man *keine Sprungtaste*. Stattdessen ist dein gesamtes Bewegungssystem an das Abfeuern deiner Waffen gebunden:

- **Schrotflinte (Feuer nach unten)**: Schießt dich je nach Ziel direkt nach oben oder diagonal. Starker Rückstoß, ideal für hohe Sprünge.

- **Pistole (Schüsse aus der Luft)**: Bietet einen geringeren Rückstoß und eine bessere Luftkontrolle. Nützlich für Anpassungen im Hover-Stil.

- **Diagonale Schüsse**: Kombiniere Zielen und Bewegungen in der Luft, um die Richtung scharf zu ändern – unerlässlich für die Vermeidung von Stacheln und Ecksprüngen.

2.4 Tipps für Erstspieler

Wenn du gerade erst mit *Shotgun Cop Man anfängst*, kannst du dich auf eine aufregende Mischung aus rasanter Action, straffem Jump'n'Run und innovativen Mechaniken gefasst machen. Während du kopfüber in den Wahnsinn der Hölle eintauchst, helfen dir diese Tipps zum ersten Mal, eine solide Grundlage zu finden und einige häufige Fallstricke zu vermeiden. Egal, ob du ein neuer Plattformer oder ein erfahrener Gamer bist, die Beherrschung dieser Grundlagen wird deine Reise viel reibungsloser machen.

1. Beherrschen Sie frühzeitig die rückstoßbasierte Bewegung

Die wichtigste Fähigkeit, die du in *Shotgun Cop Man* lernen kannst, ist, wie du den **Rückstoß deiner Waffen nutzen kannst, um dich selbst anzutreiben**. Das mag auf den ersten Blick seltsam erscheinen, vor allem, wenn man an traditionelles Springen in Plattformern gewöhnt ist, aber mit ein wenig Übung wird es zur zweiten Natur.

- **Fangen Sie einfach an:** Üben Sie, mit Ihrer Schrotflinte nach unten zu schießen, um sich nach oben zu katapultieren. Du kannst mehrere Schläge aneinanderreihen, um Schwung aufzubauen.

- **Experimentieren Sie mit Ihren Waffen:** Die Schrotflinte hat einen starken Rückstoß, der sich hervorragend für große Sprünge eignet, während die Pistole eine kontrolliertere und leichtere Bewegung bietet, die ideal ist, um sich in engen Räumen zurechtzufinden.

Tipp: Versuchen Sie, **in jedem Level rhythmische Bewegungsmuster** zu finden , um Ihre Geschwindigkeit zu maximieren. Je schneller du dich in einem Level bewegen kannst, desto weniger Zeit verbringst du in Gefahr.

2. Achte auf die Munition

Die Verwaltung der Munition ist genauso wichtig wie deine Bewegung. Du wirst feststellen, dass die Anzahl der Schüsse, die du abgeben kannst, begrenzt ist, insbesondere bei bestimmten Waffen.

- **Schrotflintenschüsse** haben einen erheblichen Rückstoß, aber sie eignen sich hervorragend, um sich durch harte Hindernisse und Feinde zu kämpfen.

- **Pistolenschüsse** sind häufiger und kontrollierter, also nutze sie für präzises Jump'n'Run und schnelle Anpassungen.

Tipp: Behalte immer deine Munition im Auge und versuche, **Munition in Bereichen zu sparen,** in denen du sie nicht verwenden musst. Das Aufheben von Munitionsgegenständen füllt deinen Vorrat auf, also vermeide es, wenn möglich, Schüsse zu verschwenden.

3. Nimm dir Zeit in den ersten Levels

Während das Spiel immer schwieriger wird, sind die frühen Levels ein großartiger Ort, um sich mit den rückstoßbasierten Bewegungen und Kämpfen vertraut zu machen.

- **Beeilen Sie sich nicht:** Nehmen Sie sich Zeit, um das Bewegungssystem zu lernen, besonders in Bereichen, in denen Sie über Plattformen springen oder Fallen ausweichen müssen.

- **Experimentieren Sie mit Wegen:** Einige Abschnitte haben versteckte Bereiche oder alternative Routen. Diese enthalten oft Sammlerstücke, Gesundheits-Upgrades oder Abkürzungen, also nimm dir einen Moment Zeit, um sie zu erkunden.

Tipp: Erkunde **jeden Winkel und jede Ecke** nach versteckten Gesundheitspaketen und Geheimnissen, die dir das Leben erleichtern, wenn das Spiel immer härter wird.

4. Nutzen Sie die Umgebung zu Ihrem Vorteil

Die Levels in *Shotgun Cop Man* sind sowohl auf **Plattform-Rätsel** als **auch auf Kampfsequenzen ausgelegt** . Du wirst auf zahlreiche Gefahren stoßen, von Stacheln bis hin zu feindlichen Geschütztürmen.

- **Nutze den Rückstoß, um Fallen auszuweichen:** Manchmal musst du deinen Rückstoß nutzen, um dich über Umweltgefahren zu bewegen. Wenn du zum Beispiel genau im richtigen Moment nach unten schießt, kannst du eine Stachelgrube vermeiden.

- **Behalte die Platzierung der Feinde im Auge:** Viele Feinde werden so positioniert, dass du die Rückstoßmechanik kreativ einsetzen musst, um sie zu treffen und gleichzeitig ihren Angriffen auszuweichen.

Tipp: Wenn du Gefahren in der Umgebung siehst, wie z. B. **sich bewegende Plattformen** oder **sich drehende Klingen**, solltest du deine Schüsse sorgfältig timen, damit du nicht überrascht wirst.

5. Hab keine Angst vor dem Sterben (oft)

Shotgun Cop Man ist eine Herausforderung und du wirst wahrscheinlich oft sterben – vor allem in den späteren Levels. Aber lassen Sie sich davon nicht entmutigen! Jeder Tod lehrt dich etwas Neues:

- **Lerne aus deinen Fehlern:** Jeder Tod ist eine Lektion in Sachen Timing und Positionierung. Du wirst anfangen, feindliche Muster zu antizipieren und deine Sprünge mit jedem Wiederholungsversuch zu perfektionieren.

- **Kontrollpunkte strategisch einsetzen:** Prüfpunkte ermöglichen es Ihnen, es erneut zu versuchen, ohne komplett von vorne anfangen zu müssen. Wenn Sie einen Abschnitt als besonders herausfordernd empfinden, scheuen Sie sich nicht, vom letzten Kontrollpunkt aus neu zu starten, um zu üben.

Tipp: Erwäge, zunächst langsamer zu spielen , um dich mit den neuen Mechaniken und dem Layout vertraut zu machen, bevor du dich für das Tempo entscheidest.

6. Experimentiere mit dem Waffenwechsel

Im Laufe des Spiels schaltest du weitere Waffen frei. Jede Waffe hat einen anderen Rückstoß und eine andere Wirkung, was bedeutet, dass es wichtig ist, mit ihnen zu experimentieren, um zu verstehen, welche für die jeweilige Situation am besten geeignet ist.

- **Schrotflinte:** Hoher Rückstoß, ideal für weite Sprünge oder großen Schaden.

- **Pistole:** Geringerer Rückstoß, ideal für schnelle Anpassungen und präzisere Bewegungen.

- **Spezialwaffen:** Experimentiere mit den einzigartigen Waffen, während du sie freischaltest – diese bieten alternative Möglichkeiten, dich zu durchqueren und mit harten Gegnern fertig zu werden.

Tipp: Wechsle je nach Situation regelmäßig die Waffen. Für schnelle Ausweichmanöver verwende die Pistole; Für schwere Feuerkraft benutzt ihr die Schrotflinte.

7. Behalte deinen Fortschritt und deine Statistiken im Auge

Shotgun Cop Man verfolgt deine Leistung während des gesamten Spiels. Behalten Sie im Auge:

- **Todeszähler** , um deinen Fortschritt zu messen und aus deinen Fehlern zu lernen.

- **Laufzeit** , wenn du einen schnellen Lauf oder eine Rangliste anstrebst.

- **Checkpoints erreicht** , um zu verfolgen, wie weit du gekommen bist, bevor du stirbst.

Tipp: Fordere dich selbst heraus, indem du weniger Tode oder eine schnellere Zeit anstrebst. Diese Ziele helfen dir, dich zu verbessern und jeden Lauf zufriedenstellender zu gestalten.

Kapitel 3: Bewegungs- und Kampfmechanik

3.1 Die Mobilität durch Geschütze erklärt

In *Shotgun Cop Man* ist der einzigartigste Aspekt deiner Bewegung **die bewegliche Waffe**. Vergiss traditionelle Plattform-Sprünge – du wirst dich auf den Rückstoß deiner Waffen verlassen, um dich durch die Luft zu katapultieren, Gefahren auszuweichen und knifflige Plattformen zu erreichen. Diese Mechanik ist nicht nur ein Gimmick; Es ist von zentraler Bedeutung, wie du durch die chaotischen Levels des Spiels navigierst.

Und so funktioniert es:

1.1 Wie die Rückstoßbewegung funktioniert

- **Waffenrückstoß:** Jede Waffe im Spiel hat einen Rückstoßeffekt, der dich in die entgegengesetzte Richtung katapultiert, in die die Waffe abgefeuert wird.

  - Wenn du zum Beispiel deine Schrotflinte **nach unten abfeuerst**, wirst du nach oben in die Luft geschleudert.

  - **Pistolen** funktionieren ähnlich, obwohl der Rückstoß viel geringer ist, was kontrolliertere, kurze Bewegungsstöße ermöglicht.

1.2 Kombinieren von Zielen und Bewegung

- **Zielrichtung:** Deine Bewegungsrichtung wird dadurch bestimmt, wohin du mit deiner Waffe zielst. Zum Beispiel:

    - **Schüsse nach unten** werden dich nach oben schicken.

    - **Diagonale Schüsse** können Sie je nach Winkel in jede Richtung katapultieren.

    - **Horizontale Schüsse** können dir helfen, über größere Entfernungen zu fliegen, besonders wenn du aus der Luft feuerst.

- **Anpassungen in der Luft:** Sobald Sie in der Luft sind, können Sie Ihre Richtung anpassen, indem Sie in verschiedenen Winkeln fotografieren. Wenn du dies meisterst, kannst du **feindlichem Feuer ausweichen**, Hindernissen ausweichen und **ansonsten unzugängliche Bereiche erreichen**.

1.3 Strategischer Einsatz des Rückstoßes

- Der Schlüssel zur Beherrschung von Bewegungen ist das Timing und die Positionierung Ihrer Schläge. Wenn du zum Beispiel große Lücken überquerst, **kannst du mit einer Reihe von Schrotflintenschüssen hinüberkommen**, aber du musst jeden Schuss zeitlich abstimmen, um dich optimal zu bewegen.

- **Kreative Kombinationen** von Rückstoßschüssen können dir helfen, **anmutig** über den Bildschirm zu fliegen und Gefahren und Feinden mit Leichtigkeit auszuweichen.

3.2 Rückstoßspringen vs. Pistolenschweben

Sowohl das **Rückstoßspringen** als auch das **Schweben mit der Pistole** ermöglichen es dir, durch die Levels zu navigieren, dienen aber unterschiedlichen Zwecken und erfordern unterschiedliche Techniken, um sie zu meistern.

2.1 Rückstoßspringen (Schrotflinte)

- **Hoher Rückstoß:** Die Schrotflinte ist die stärkste Waffe für Rückstoßbewegungen und bietet große Explosionen, die den Shotgun Cop Man mit erheblicher Wucht in die Luft fliegen lassen.

- **Längere Distanz:** Mit dem Rückstoßspringen kannst du **größere Entfernungen zurücklegen** und bodennahen Fallen ausweichen, aber es erfordert eine sorgfältige Kontrolle, um dort zu landen, wo du landen willst.

- **Strategisches Timing:** Du musst zwischen den Schüssen einen kurzen Moment abwarten, um dich vollständig zu erholen und dich auf den nächsten Sprung vorzubereiten. Das Rückstoßspringen ist nützlich, um hohe Plattformen zu erreichen und vertikale Herausforderungen zu meistern.

Tipp: Nutze Rückstoßsprünge in Kombination mit **Doppelschuss-Salven,** um größere Höhen zu erreichen und größere Lücken zu schließen.

2.2 Schweben der Pistole

- **Geringer Rückstoß:** Die Pistole bietet einen viel geringeren Rückstoß, perfekt für **präzise, kontrollierte Bewegungen.** Dies macht es ideal für das Navigieren in engen Räumen und das Schweben.

- **Schwebemechanik:** Wenn die Pistole in der Luft abgeschossen wird, kann sie dich langsam nach oben schieben und dir die Möglichkeit geben, deine Position fein abzustimmen. Dies ist besonders nützlich, wenn Sie es mit **beweglichen Plattformen,** engen Korridoren oder wenn Sie einige Sekunden länger in der Luft schweben müssen.

- **Weniger aggressiv:** Die Pistole ist nicht für große Sprünge geeignet, eignet sich aber perfekt für **kleine, präzise Anpassungen** während der Plattformsequenzen.

Tipp: Nutze das **Schweben der Pistole, um** deinen Abstieg abzuwürgen, **sodass du deine Landeposition vorsichtig anpassen oder während deiner Luftbewegung Mikroanpassungen vornehmen kannst.**

2.3 Kombination beider Techniken

Im Laufe des Spiels musst du oft beide Techniken in schneller Folge kombinieren:

- **Nutze das Rückstoßspringen** , um große Entfernungen zurückzulegen oder hohe Plattformen zu erreichen.

- **Wechsle zum Pistolenschweben,** wenn du in der Luft fein abgestimmte Anpassungen vornehmen musst.

Diese Kombination zu meistern ist für den Erfolg unerlässlich, vor allem, wenn du Feinden ausweichst und zeitkritische Ziele anverfolgst.

3.3 Gesundheit, Schaden und Tod

In *Shotgun Cop Man* ist der Tod unvermeidlich – aber das ist alles Teil des Spaßes. Das Erlernen der Mechaniken von **Gesundheit, Schaden und Respawn** ist unerlässlich, um in der höllischen Welt, die du durchqueren wirst, zu überleben.

3.1 Gesundheitssystem

- **Gesundheitsbalken:** Deine Gesundheit wird durch einen Balken oben links auf dem Bildschirm dargestellt. Jedes Segment steht für einen Treffer, den du einstecken kannst, bevor du ein Leben verlierst.

- **Gesundheitsgegenstände:** Im Laufe des Spiels triffst du auf **Gesundheitspakete,** die Teile deiner Gesundheit wiederherstellen. Sie sind in der Regel an schwer zugänglichen Stellen versteckt oder werden von Feinden fallen gelassen.

- **Max. Gesundheits-Upgrades:** Einige Levels können **permanente Gesundheits-Upgrades enthalten** , die deine

Gesamtgesundheitskapazität erhöhen und es dir ermöglichen, mehr Treffer zu überleben.

Tipp: Achte immer darauf, Gesundheitspakete zu holen, wann immer es möglich ist. Lassen Sie sie nicht zurück, vor allem nicht in härteren Abschnitten.

3.2 Schaden und feindliche Angriffe

- **Feindliche Angriffe:** Feinde gibt es in allen Formen und Größen, jeder mit seinen eigenen **Angriffsmustern**. Einige verursachen direkten Schaden, während andere Fallen setzen oder Projektile abfeuern.

- **Gefahren:** Umgebungsgefahren wie Stacheln, Feuer und Laserfallen können dir ebenfalls Schaden zufügen, und einige können mit einem einzigen Treffer tödlich sein.

- **Waffeneinschlag:** Achte auf **feindliche Rüstungen** oder Schilde. Bestimmte Waffen können gegen bestimmte Arten von Feinden effektiver sein.

Tipp: Lerne frühzeitig die Angriffsmuster von Feinden. Vielen Angriffen kannst du ausweichen, indem du deine **Rückstoßbewegung nutzt** , um entweder über sie zu springen oder um sie herum zu manövrieren.

3.3 Tod und Respawnen

- **Respawn-Mechanismus:** Wenn du stirbst, respawnst du an dem **letzten Checkpoint, den** du erreicht hast. Dies kann eine großartige Gelegenheit sein, Ihre Fähigkeiten zu verbessern, aber es kann auch bedeuten, dass Sie **schwierige Abschnitte wiederholen** müssen.

- **Checkpoint-System:** Checkpoints sind in jedem Level verstreut und dienen als **Sicherheitsnetze**. Du wirst sie oft nach besonders schwierigen Plattform-Abschnitten oder Bosskämpfen finden.

Tipp: Haben Sie keine Angst vor dem Sterben – es ist eine Lernerfahrung! Nutze es, um deine Bewegungen und deine Strategie zu perfektionieren.

3.4 Checkpoints und Respawnen

Checkpoints spielen eine entscheidende Rolle, wenn es darum geht, deinen Fortschritt aufrechtzuerhalten und mit der herausfordernden Natur von *Shotgun Cop Man umzugehen.* Hier ist eine Aufschlüsselung, wie Checkpoints und Respawns funktionieren:

4.1 Kontrollpunkte

- **Fortschritt speichern:** Wenn du einen Checkpoint erreichst, wird dein **Fortschritt gespeichert**, was bedeutet, dass du an diesem Punkt respawnst, wenn du stirbst, anstatt von vorne zu beginnen.

- **Strategische Platzierung:** Checkpoints werden in der Regel nach besonders schwierigen Abschnitten platziert, sodass du keine großen Teile eines Levels wiederholen musst, wenn du scheiterst.

- **Gesundheit an Checkpoints:** Einige Checkpoints **stellen deine Gesundheit vollständig wieder her** , andere nicht – sammle also Gesundheitsgegenstände, bevor du weitermachst, wenn du wenig Erfahrung machst.

Tipp: Speedrunner meiden vielleicht absichtlich Checkpoints, um Zeit bei ihren Läufen zu sparen, aber für die meisten Spieler sind sie ein wichtiges Sicherheitsnetz.

4.2 Respawnen

- **Sofortiger Respawn:** Wenn du stirbst, respawnt dich das Spiel automatisch am letzten Checkpoint. Sie müssen keine Knöpfe drücken – warten Sie einfach, bis der Countdown abgelaufen ist.

- **Zeit zur Erholung:** Nach dem Respawn gibt es eine kurze Phase der **Unbesiegbarkeit,** in der Feinde dich nicht treffen können. Nutzen Sie diese Zeit, um sich zu orientieren und Ihren nächsten Schritt zu planen.

- **Herausforderungsmodi:** Einige Spielmodi oder Herausforderungen können Respawns einschränken, um das Spiel schwieriger zu machen und deine Fähigkeit zu testen, Levels mit weniger Fehlern abzuschließen.

Tipp: Nutze Respawns, um **deine Strategien zu verfeinern.** Besuche schwierige Abschnitte erneut und optimiere deine Herangehensweise, insbesondere bei der Waffenwahl und den Bewegungstechniken.

Kapitel 4: Waffen, Werkzeuge und Power-Ups

4.1 Übersicht der Waffentypen

In *Shotgun Cop Man* ist dein Arsenal deine Lebensader. Das Spiel bietet eine große Auswahl an Waffen, jede mit ihren eigenen einzigartigen Vorteilen und Eigenschaften, die für verschiedene Kampfszenarien geeignet sind. Die Stärken und Schwächen jedes Waffentyps zu verstehen, ist der Schlüssel zum Überleben in der höllischen Welt.

1.1 Primärwaffen-Kategorien

Die Waffen in *Shotgun Cop Man* können in mehrere Kategorien unterteilt werden, darunter **Projektilwaffen**, **Nahkampfwaffen** und **Spezialfähigkeiten**. Jede Kategorie ist so konzipiert, dass sie bestimmte Spielstile und Herausforderungen unterstützt:

- **Projektilwaffen** (z. B. Schrotflinte, Pistolen, Maschinengewehre): Diese Waffen sind ideal für den Fernkampf und ermöglichen es dir, aus der Ferne anzugreifen. Sie bieten sowohl schnelle als auch leistungsstarke Angriffe.

- **Nahkampfwaffen** (z. B. Fäuste, Energieklingen): Mit diesen Waffen kannst du dich an Nahkämpfen beteiligen. Obwohl sie langsamer sind, bieten sie aus nächster Nähe eine verheerende Kraft.

- **Spezialwaffen** (z.B. Raketenwerfer, Energiegewehre): Diese haben oft einen hohen Schadensausstoß und einzigartige Effekte wie explosive Explosionen oder Elementarangriffe, was sie gegen harte Feinde und Bosse nützlich macht.

1.2 Eigenschaften der Waffe

- **Feuerrate:** Einige Waffen haben eine hohe Feuerrate (z. B. Pistolen, Maschinengewehre), was sie ideal für den Umgang mit großen Schwärmen von Feinden macht, während andere (wie die Schrotflinte) eine langsame Feuerrate, aber einen höheren Schadensausstoß pro Schuss haben.

- **Rückstoß: Der** Rückstoß wirkt sich auf die Bewegung aus, wobei Waffen wie die Schrotflinte einen hohen Rückstoß bieten und dich mit jedem Schuss hoch in die Luft katapultieren, und Waffen wie Pistolen kontrollierte, kleine Bewegungsstöße bieten.

- **Reichweite:** Langstreckenwaffen wie Gewehre und Energiestrahlen ermöglichen es, Feinde aus der Ferne zu treffen, während Schrotflinten und Nahkampfwaffen aus der Nähe effektiver sind.

Tipp: Experimentiere mit verschiedenen Waffenkombinationen, um dich an die verschiedenen Herausforderungen anzupassen, denen du in jedem Level begegnen wirst.

4.2 Schrotflinte, Pistolen und Spezialwaffen

Deine Kernwaffen in *Shotgun Cop Man* bestehen aus der **Schrotflinte**, **Pistolen** und einer Auswahl an **Spezialwaffen**, die jeweils für bestimmte Kampfszenarien entwickelt wurden.

2.1 Schrotflinte

Die Schrotflinte ist deine bevorzugte Waffe für **hohe Rückstoßsprünge** und **mächtigen Schaden auf kurze Distanz**.

- **Hoher Schaden:** Die Schrotflinte verursacht **massiven Schaden** in großer Streuung, was sie unglaublich effektiv gegen mehrere Feinde gleichzeitig macht.

- **Starker Rückstoß:** Sein Rückstoß ist der stärkste im Spiel und ermöglicht es dir, kraftvolle **vertikale Sprünge** auszuführen und **dich über die Karte zu katapultieren**.

- **Begrenzte Reichweite:** Die Schrotflinte ist auf kurze Distanz am effektivsten, daher musst du nah an deine Feinde herangehen, um maximale Wirkung zu erzielen.

Tipp: Setze die Schrotflinte auf engstem Raum ein oder wenn du mehrere Feinde schnell ausschalten musst. Der Rückstoß kann auch für **schnelle vertikale Bewegungen** genutzt werden.

2.2 Pistolen

Pistolen sind leichter, schneller und vielseitiger als die Schrotflinte, was sie ideal für **präzises Schießen** und **kontrollierte Mobilität** macht.

- **Hohe Feuerrate:** Pistolen ermöglichen schnelle, schnelle Schüsse, die sich hervorragend für den Umgang mit **kleineren Feinden** oder **in der Luft eignen.**

- **Geringer Rückstoß:** Im Gegensatz zur Schrotflinte haben Pistolen einen geringen Rückstoß, wodurch sie sich besser für **die Anpassung Ihrer Position** in der Luft eignen.

- **Genauigkeit:** Pistolen eignen sich hervorragend, um entfernte Feinde auszuschalten, wobei der Schwerpunkt eher auf Präzision als auf Kraft liegt.

Tipp: Setze die Pistole ein, wenn du **Kontrolle** über deine Bewegungen brauchst, vor allem beim **Schweben** und **bei kleinen, schnellen Sprüngen.** Es eignet sich auch hervorragend für den Umgang mit sich schnell bewegenden Feinden.

2.3 Spezialwaffen

Im Laufe des Spiels schaltest du **spezielle Waffen frei**, die den Verlauf des Kampfes dramatisch verändern können.

- **Raketenwerfer:** Verursacht explosiven Schaden, ideal, um große Gruppen von Feinden oder **schwere Bosse** auszuschalten.

- **Energieklingen:** Eine Nahkampfwaffe, die Feinde **mit hohem Schaden und schnellen Angriffen** durchschneidet.

- **Plasmagewehre / Railguns:** Diese mächtigen Waffen verschießen Energiestrahlen, die in der Lage sind, mehrere Feinde gleichzeitig zu durchdringen, was sie extrem nützlich gegen gepanzerte Feinde oder im Fernkampf macht.

Tipp: Wechsle je nach Situation zwischen Spezialwaffen. Sie sind oft am nützlichsten, wenn es mit größeren Gegnern oder in besonders **dichten Kampfzonen zu tun hat**.

4.3 Munitionsmanagement und Nachladetiming

Effektives **Munitionsmanagement** ist in Shotgun Cop Man *von entscheidender Bedeutung.* Da jede Waffe unterschiedliche Arten von Munition verwendet, musst du strategisch vorgehen, wann du feuerst, wann du nachlädst und wann du deine Schüsse sparst.

3.1 Munitionstypen

- **Schrotflintenmunition:** Diese ist in der Regel **knapp** und du musst sie für Schlüsselmomente aufbewahren, besonders wenn du es mit **Bossen** oder harten Gegnern zu tun hast.

- **Pistolenmunition:** Reichlich vorhanden und schneller aufzufüllen, was sie ideal für **den Schnellfeuereinsatz** macht.

- **Spezialwaffenmunition:** Oft stärker, aber in der Regel in der Menge begrenzt. **Behalte deine Munition für**

Spezialwaffen im Auge , da sie das Blatt im Kampf zu deinen Gunsten wenden können.

3.2 Zeitpunkt des erneuten Ladens

- **Automatisches Nachladen:** Viele Waffen, wie die Schrotflinte und die Pistole, laden nach jedem Schuss oder jeder Salve automatisch nach. Du solltest jedoch immer deinen Munitionsstatus überprüfen, bevor du dich in schwierige Kampfzonen begibst.

- **Manuelles Nachladen:** Bei Waffen, die manuell nachgeladen werden müssen (wie z. B. einige der Spezialwaffen), solltest du auf deine Nachladezeit achten, da du dadurch anfällig für feindliche Angriffe sein kannst.

- **Munitionseinsparung:** Verschwende keine Schüsse in offenen Bereichen, besonders wenn du gegen kleinere Gegner kämpfst. Spare deine Munition für **Bosskämpfe** oder besonders **gefährliche Feinde.**

Tipp: Trage immer eine **Ersatzwaffe** (in der Regel die Pistole) bei dir, falls dir die Munition für deine Hauptwaffe ausgeht. Erfahren Sie, wann Sie **frühzeitig nachladen** sollten, um nicht überrascht zu werden.

4.4 Power-Ups und ihre Auswirkungen

Im Laufe deiner Reise triffst du auf verschiedene **Power-Ups** , die deine Fähigkeiten erheblich verbessern und dir helfen können, länger im Chaos der Hölle zu überleben. Diese Power-Ups sind über die Levels verstreut und können manchmal von Feinden fallen gelassen werden.

4.1 Arten von Power-Ups

- **Gesundheitspakete:** Stelle einen Teil deiner Gesundheit wieder her, die für das Überleben längerer Missionen unerlässlich ist.

- **Geschwindigkeitsschub:** Erhöht vorübergehend deine Bewegungsgeschwindigkeit, wodurch es einfacher ist, Gegnern auszuweichen oder durch sich schnell bewegende Hindernisse zu navigieren.

- **Schadensboost:** Erhöht den Schaden deiner Waffe für eine begrenzte Zeit, sodass du Feinde schneller und effizienter erledigen kannst.

- **Schild-Boost:** Gewährt dir vorübergehende Unbesiegbarkeit oder einen **Schadensschild** , der eingehende Angriffe absorbiert und dir ein kurzes Zeitfenster der Sicherheit bietet.

4.2 Nutzungsstrategie

- **Überstürzen Sie keine Power-Ups: Power-Ups** werden oft an schwer zugänglichen Stellen platziert und erfordern präzise Bewegungen. Nehmen Sie sich Zeit, um sie im richtigen Moment sorgfältig zu sammeln.

- **Kombiniere Power-Ups mit Strategie:** Wenn du zum Beispiel vor **einem Bosskampf oder während eines Schwarms von Feinden einen Schadensschub einsetzt, verschafft dir das einen deutlichen Vorteil.**

- **Sparen Sie sich für schwierige Abschnitte: Wenn Sie sich** besonders schwierigen Abschnitten stellen, sollten Sie in Erwägung ziehen, **Power-Ups aufzuheben,** bis die Herausforderung größer wird. Einige Abschnitte benötigen möglicherweise mehr Geschwindigkeit, Schaden oder Gesundheit, um zu überleben.

Tipp: Stapele Power-Ups , wenn möglich. Einige Gegenstände, wie der Schadensschub und der Geschwindigkeitsschub, können zusammen verwendet werden, um verheerende Ergebnisse zu erzielen.

Kapitel 5: Navigieren in der Unterwelt

5.1 Weltkarte und Levelstruktur

In *Shotgun Cop Man* ist die **Unterwelt** riesig und tückisch, und das Verständnis der **Weltkarte** und **der Levelstruktur** ist entscheidend für dein Überleben. Das Spiel ist in mehrere Regionen unterteilt, die jeweils mit einzigartigen Herausforderungen, Feinden und Umgebungen gefüllt sind. Zu wissen, wohin du gehst und wie du dich jedem Level näherst, kann den Unterschied zwischen Leben und Tod ausmachen.

1.1 Übersicht über die Weltkarte

- **Regionsbasiertes Layout:** Die Unterwelt ist in verschiedene **Regionen unterteilt**, die jeweils unterschiedliche Umgebungen und Themen repräsentieren. Diese Regionen sind oft durch große, zähe Bosse getrennt, die du besiegen musst, um zum nächsten Gebiet zu gelangen.

  - **Höllische Landschaften:** Erwarte feurige Gruben, geschmolzene Lavaflüsse und zerstörte Städte voller feindlicher Feinde.

  - **Industriezonen:** Einige Levels finden in unterirdischen Fabriken statt, mit Maschinen und Technologien, die ein präzises Plattformspiel erfordern.

- ○ **Dunkle Höhlen und Wälder:** Andere Gebiete können sich auf unterirdische oder mystische Reiche konzentrieren, die Tarnung und vorsichtige Navigation erfordern.

- **Level-Fortschritt:** Jede Region hat in der Regel mehrere Levels, wobei der Schwierigkeitsgrad mit zunehmendem Fortschritt zunimmt. Während die frühen Levels einführend sind, bringen spätere Levels komplexere Herausforderungen und **Umweltgefahren mit sich.**

1.2 Ebenenstruktur

- **Linear vs. Nicht-linear:** Einige Levels sind linear und führen dich durch eine Reihe von Plattform-Herausforderungen und Kampfabschnitten. Andere sind **offener und** ermöglichen die Erkundung und das Entdecken von Geheimnissen und Abkürzungen.

- **Hauptziele und Nebenmissionen:** Während das Hauptziel immer darin besteht, zu überleben und voranzukommen, gibt es viele **Nebenmissionen** und versteckte Ziele, die dich mit Upgrades, Sammlerstücken und Erfolgen belohnen.

Tipp: Erkunde gründlich – die Levels stecken voller Geheimnisse, und gründliche Erkundung kann dich mit versteckten Power-Ups und alternativen Wegen belohnen.

5.2 Gefahren für die Umwelt

Während du die Unterwelt durchquerst, wirst du auf zahlreiche **Umweltgefahren stoßen** , die deine Reise schnell beenden können, wenn du nicht aufpasst. Diese Gefahren reichen von tödlichen Fallen bis hin zu unvorhersehbarem Gelände.

2.1 Häufige Gefahren

- **Stacheln: Diese sind** in Jump'n'Run-Abschnitten üblich und werden in der Regel auf dem Boden oder an der Decke platziert, was ein präzises Springen unerlässlich macht. Wenn du einen Stachel triffst, kann dies zum sofortigen Tod oder zu erheblichem Schaden führen.

- **Lavagruben:** Lava ist eine der tödlichsten Gefahren. Er verursacht massiven Schaden, und wenn man hineinfällt, stirbt man oft sofort. Plattformen können sich zeitweise aus der Lava erheben, sodass du hinüberspringen kannst.

- **Elektrische Felder:** Diese sind in der Regel in **Industriegebieten zu finden**, wo Elektrozäune oder Barrieren Sie bei Kontakt durch Stromschlag töten können. Es ist wichtig, dass Sie Ihre Bewegungen zwischen den elektrischen Impulsen abstimmen.

2.2 Verschieben von Plattformen und Einstürzen von Strukturen

- **Bewegliche Plattformen:** Einige Levels verfügen über bewegliche Plattformen, auf denen du deine Sprünge sorgfältig planen musst, um zu landen. Ein Sturz kann zu Schäden oder einem langen Sturz in den Tod führen.

- **Einstürzende Böden:** Halte Ausschau nach Böden, die plötzlich unter dir einstürzen und dich in eine Grube voller Gefahr oder Lava unter dir schicken.

2.3 Dynamische Wetter- und Umwelteinflüsse

- In einigen Gebieten gibt es dynamische Wettereffekte wie **sauren Regen**, **Schnee** oder **Sandstürme**, die Ihre Sicht beeinträchtigen oder die Fortbewegung erschweren können.

  - **Saurer Regen:** Fügt dir Schaden zu, wenn du zu lange exponiert bist, und zwingt dich, Schutz zu suchen.

  - **Schnee:** Kann deine Bewegung verlangsamen oder Plattformen rutschig machen, was eine sorgfältige Planung und Kontrolle des Schwungs erfordert.

Tipp: Scannen Sie Ihre Umgebung **immer** nach Anzeichen von Gefahren, bevor Sie weitergehen. Einige Umweltgefahren können mit sorgfältigem Timing vermieden werden oder indem du deine Rückstoßsprünge nutzt, um sie zu umgehen.

5.3 Interaktive Objekte und Traps

Überall in der Unterwelt findest du verschiedene **interaktive Objekte** und **Fallen** , die dir entweder helfen oder dich behindern können. Zu lernen, wie du diese Objekte zu deinem Vorteil nutzen kannst, ist entscheidend für das Vorankommen im Spiel.

3.1 Fallen und tödliche Hindernisse

- **Druckplatten:** Diese Fallen werden aktiviert, wenn du auf sie trittst, und lösen tödliche Stacheln und Laser aus oder setzen sogar Schwärme von Feinden frei. Timing und sorgfältige Navigation sind erforderlich, um das Auslösen dieser Fallen zu vermeiden.

- **Explosive Fässer:** Diese Fässer sind in Industriegebieten und Ruinen zu finden und explodieren, wenn sie beschossen werden, wodurch ein tödlicher Explosionsradius entsteht. Du kannst sie verwenden, um Feinde zu vernichten, aber sei vorsichtig, wenn du dich ihnen selbst näherst.

3.2 Interaktive Objekte

- **Hebelmechanismen:** In vielen Bereichen befinden sich Hebel, die Türen, Tore oder Plattformen aktivieren. Das Ziehen eines Hebels kann einen neuen Weg öffnen oder einen versteckten Bereich freischalten, aber es kann auch eine Falle auslösen. Seien Sie immer wachsam, nachdem Sie diese Objekte aktiviert haben.

- **Bewegliche Blöcke:** In einigen rätsellastigen Levels triffst du **auf Blöcke,** die bewegt oder geschoben werden können, um höhere Bereiche zu erreichen oder Schalter auszulösen. Setze sie vorsichtig ein, um Rätsel zu lösen und versteckte Pfade zu erreichen.

3.3 Umweltfallen

- **Brandgefahren:** Viele Levels enthalten Flammenstrahlen, die regelmäßig Feuer schießen. Triff deine Bewegungen, um nicht von den Düsen verbrannt zu werden, oder versuche, den Rückstoß deiner Waffen zu nutzen, um dich an diesen Bereichen vorbei zu katapultieren.

- **Fallgrubenfallen:** Versteckt im Boden oder getarnt durch Umgebungsmüll, lassen dich diese Fallen oft in eine Grube aus Lava, Stacheln oder Feinden fallen.

Tipp: Behalte deine Umgebung im Auge , um subtile Hinweise wie Druckplatten, leuchtende Hebel oder sich verschiebende Kacheln zu finden, die eine Falle oder eine Chance auf Fortschritt signalisieren könnten.

5.4 Freischaltbare Abkürzungen und versteckte Routen

Eine der besten Möglichkeiten, deine Reise durch die Unterwelt zu erleichtern, besteht darin, **versteckte Abkürzungen** und **freischaltbare Routen zu entdecken** , die schwierige Abschnitte umgehen oder alternative Wege bieten.

4.1 Suchen von Verknüpfungen

- **Versteckte Türen:** Einige Level enthalten **versteckte Türen** oder Durchgänge, die nicht sofort sichtbar sind. Möglicherweise müssen Sie mit einem bestimmten Objekt interagieren, z. B. mit einem beweglichen Block oder einem versteckten Schalter, um sie zu öffnen.

- **Versteckte Plattformen:** Diese können durch **Rückstoßsprünge** in scheinbar leere Bereiche oder durch das Erkunden von Bereichen über oder unter deinem aktuellen Pfad aufgedeckt werden. Die Verwendung einer Waffe mit hohem Rückstoß wie der Schrotflinte kann dir helfen, diese Orte zu erreichen.

4.2 Entsperren alternativer Routen

- **Schlüsselgegenstände und Fähigkeiten:** Im Laufe des Spiels schaltest du Fähigkeiten oder Schlüsselgegenstände frei, die dir helfen, auf bisher unerreichbare Bereiche zuzugreifen. Bestimmte Upgrades können es dir zum Beispiel ermöglichen, elektrische Barrieren zu passieren oder mächtige Maschinen zu aktivieren, um Wege freizumachen.

- **Geheime Zonen:** Einige Levels bieten **geheime Bereiche**, die es belohnen, sie zu erkunden. Diese können zu **versteckten Sammlerstücken**, **Bonuslevels** oder **Power-Ups** führen. Oft sind diese Routen nicht sofort ersichtlich, und Sie müssen **in der Umgebung** nach Hinweisen suchen.

4.3 Nutzung von Shortcuts für Speedruns

- Speedrunner verwenden oft Abkürzungen, um große Teile des Spiels zu umgehen und so **die Levels schneller abzuschließen**. Indem Sie das Layout jedes Levels lernen und die effizientesten Wege finden, können Sie vermeiden,

Zeit mit langen, schwierigen Abschnitten zu verschwenden.

Tipp: Wenn Sie einen **schwierigen Abschnitt finden**, suchen Sie nach **alternativen Routen** oder Abkürzungen, um ihn zu umgehen. Diese können Ihre Frustration erheblich reduzieren und Ihnen helfen, Ihren Schwung aufrechtzuerhalten.

Kapitel 6: Bosskämpfe und Feindkämpfe

6.1 Arten von Feinden und Angriffsmuster

In *Shotgun Cop Man* ist die Unterwelt mit einer Vielzahl von Feinden gefüllt, von denen jeder seine eigenen einzigartigen Fähigkeiten und Angriffsmuster hat. Das Verständnis dieser Muster ist entscheidend, um den ständigen Ansturm zu überleben und im Spiel voranzukommen.

1.1 Häufige Feindtypen

- **Grunt Soldiers:** Dies sind die Standardgegner, denen du am häufigsten begegnen wirst. Sie haben in der Regel niedrige Gesundheit und einfache Nahkampf- oder Fernkampfangriffe. Sie sind in der Regel leicht zu besiegen, aber ihre Anzahl kann dich überwältigen, wenn du nicht aufpasst.

- **Fliegende Feinde:** Diese Feinde sind in der Luft und können aus der Ferne angreifen. Sie sind aufgrund ihrer Bewegungsmuster in der Regel schwerer zu treffen, daher musst du vorsichtig zielen. Einige können Energieexplosionen abfeuern, während andere mit einer Sturzbombe angreifen können.

- **Gepanzerte Feinde:** Diese zähen Feinde sind schwer gepanzert, was sie gegen die meisten Angriffe resistent macht. Du musst mächtige Waffen wie Raketenwerfer oder gezielte Angriffe einsetzen, um ihre Verteidigung zu durchbrechen.

1.2 Elite-Feinde

- **Bestien:** Größere, stärkere Versionen von Standardgegnern, die mit langsamen, aber mächtigen Angriffen massiven Schaden anrichten. Durch ihre Größe sind sie leichter zu treffen, aber sie können eine Menge einstecken, bevor sie zu Boden gehen.

- **Getarnte Feinde:** Diese Feinde können unsichtbar werden und aus versteckten Positionen angreifen. Sie können besonders knifflig sein, wenn Sie kein gutes Radar oder Ortungssystem haben. Bleibe wachsam und setze Flächenwaffen ein, um sie zu vertreiben.

1.3 Angriffsmuster

- **Nahkampfangreifer:** Feinde, die Nahkampfangriffe einsetzen, folgen oft einem festgelegten Muster von Ladungen oder Ausfallschritten. Sobald du das Timing dieser Bewegungen gelernt hast, wird es einfacher, auszuweichen und zu kontern.

- **Fernkampfangreifer:** Feinde, die Projektile abfeuern, haben unterschiedliche Muster – einige schießen in geraden Linien, während andere in **Streumustern** oder **Bogenschüssen schießen können**. Der Schlüssel hier ist zu lernen, wann und wo man sich bewegen muss, um Schäden zu vermeiden.

- **Angreifende Angriffe:** Einige Feinde stürmen mit einem Geschwindigkeitsschub auf dich zu. Diesen Angriffen ist schwer auszuweichen, aber du kannst ihre Bewegungen vorhersehen, indem du ihr Verhalten kurz vor dem Ausfall beobachtest.

Tipp: Beobachte die Animationen des Gegners genau. Die meisten Feinde kündigen ihre Angriffe an, was dir die Möglichkeit gibt, auszuweichen oder zurückzuschlagen, bevor sie zuschlagen.

6.2 Mid-Level-Herausforderungen und Mini-Bosse

Während der wahre Test deiner Fähigkeiten während der großen Bosskämpfe kommt, *bietet Shotgun Cop Man* zahlreiche **Herausforderungen auf mittlerer Stufe** und **Mini-Bosse**, die deine Fähigkeiten auf die Probe stellen. Diese Begegnungen erfordern im Vergleich zu Standardgegnern andere Strategien.

2.1 Herausforderungen auf mittlerer Ebene

- **Hinterhalte:** In bestimmten Levels triffst du auf feindliche Hinterhalte, in denen plötzlich Wellen von Feinden aus allen Richtungen auftauchen. Diese können knifflig sein, da sie Sie dazu zwingen, sich schnell anzupassen und mehrere Bedrohungen gleichzeitig zu bewältigen. Bleibe in Bewegung und nutze deinen **Rückstoßsprung,** um mobil zu bleiben.

- **Überlebenswellen:** Einige Levels bieten **wellenbasierte Kämpfe**, bei denen du eine Reihe von immer härteren feindlichen Wellen überleben musst. Diese sind in der Regel zeitlich begrenzt und können **im Laufe deines Fortschritts** neue Gegnertypen **oder** Power-Ups einführen.

2.2 Mini-Bosse

- **Mini-Boss-Eigenschaften:** Mini-Bosse sind im Allgemeinen härter als normale Feinde, aber nicht so herausfordernd wie die Hauptbosse. Sie haben oft mehr Gesundheit und können mehr Schaden anrichten, aber sie haben in der Regel nicht die komplexen Angriffsmuster von großen Bossen.

- **Einzigartige Fähigkeiten:** Jeder Mini-Boss verfügt über eine **einzigartige Fähigkeit**, wie z. B. die Fähigkeit, Vasallen zu beschwören, zielsuchende Raketen abzuschießen oder sich über den Bildschirm zu teleportieren. Das Erlernen dieser Fähigkeiten und das Herausfinden, wie man ihnen entgegenwirken kann, ist der Schlüssel, um sie zu besiegen.

2.3 Beispiele für Mini-Bosse

- **Der mechanische Juggernaut:** Ein riesiger Roboter, der auf dich zustürmt und Raketen abschießt, während er kleinere Robotergegner beschwört. Seine Schwachstelle ist der leuchtende Kern in seiner Brust. Greife dort an, während du dem Raketenbeschuss ausweichst.

- **Der Phantom-Assassine:** Ein getarnter, sich schnell bewegender Feind, der sich hinter dir teleportiert und mit mächtigen Nahkampfangriffen zuschlägt. Verwende Waffen mit Flächenschaden oder Präzisionsschüssen, um ihre Position zu verraten und sie auszuschalten.

Tipp: Wenn du es mit Mini-Bossen **zu tun hast**, konzentriere dich darauf, ihren mächtigen Angriffen auszuweichen und gleichzeitig Schwächen oder Schwachstellen auszunutzen. Scheuen Sie sich nicht, Umweltgefahren auszunutzen, um zusätzlichen Schaden anzurichten.

6.3 Strategiehandbuch für große Bosskämpfe

Bosskämpfe in *Shotgun Cop Man* sind oft die intensivsten und lohnendsten Begegnungen. Jeder große Boss stellt eine einzigartige Herausforderung dar, bei der du seine Angriffsmuster lernen, Schwächen ausnutzen und alle verfügbaren Ressourcen einsetzen musst, um als Sieger hervorzugehen.

3.1 Boss-Mechanik

- **Phasen:** Viele Bosse haben mehrere Phasen, wobei jede Phase neue Angriffe, Fähigkeiten oder Diener einführt. Im Laufe des Kampfes kann es vorkommen, dass der Boss aggressiver wird, was dich dazu zwingt, deine Strategie anzupassen.

- **Schwächen:** Die meisten Bosse haben eine bestimmte **Schwachstelle** – sei es ein leuchtender Bereich oder eine bestimmte Angriffsverwundbarkeit. Identifiziere diese Schwäche und konzentriere deine Angriffe dort, um den meisten Schaden zu verursachen.

- **Interaktionen mit der Umgebung:** Einige Chefs interagieren auf einzigartige Weise mit der Umgebung. Sie können die Umgebung zum Einsturz bringen, tödliche Fallen auslösen oder Verbündete beschwören. Nutzen Sie die Umgebung nach Möglichkeit zu Ihrem Vorteil.

3.2 Beispiele für wichtige Bosse

- **Der Höllische Titan:** Eine massive, feurige Kreatur mit mehreren Angriffsphasen. In der ersten Phase setzt er Feuerballangriffe mit großer Reichweite ein, während er in der zweiten Phase auf dich zustürmt und Erdbeben verursacht. Um ihn zu besiegen, musst du seinen Angriffen ausweichen und die leuchtenden Schwachstellen auf seinem Rücken anvisieren.

- **Die Königin der Schatten:** Ein mystischer, getarnter Feind, der sich teleportieren und Schattendiener beschwören kann. Sie verwendet eine Reihe von **Explosionen mit dunkler Energie** und **Beharrlichkeitsfallen** , die dich verwundbar machen. Um sie zu besiegen, musst du dich auf schnelle Angriffe konzentrieren und dabei ihrer Teleportation und ihren Schergen ausweichen.

Tipp: Bei Bosskämpfen solltest **du ihre Angriffsmuster studieren,** bevor du dich auf Angriffe einlässt. Time deine Ausweichmanöver perfekt und warte auf Gelegenheitsfenster, um Schaden zu verursachen.

6.4 Wie man sich auf harte Kämpfe vorbereitet

Vorbereitung ist der Schlüssel, um die härteren Begegnungen in *Shotgun Cop Man zu überleben*. Egal, ob es sich um einen Mini-Boss oder einen großen Boss handelt, die richtigen Schritte zur Vorbereitung können den Unterschied zwischen Sieg und Niederlage ausmachen.

4.1 Sammeln von Ressourcen

- **Munitionsmanagement:** Stelle sicher, dass du eine Vielzahl von Waffen und viel Munition hast. Harte Kämpfe erfordern oft **mehrere Waffentypen** für verschiedene Phasen des Kampfes.

- **Power-Ups:** Unterschätze nicht die Macht von **Gesundheitspaketen** oder **Schadensboosts**. Stelle sicher, dass du ein vollständiges Inventar an Power-Ups hast, bevor du in einen großen Kampf ziehst, vor allem, wenn der Boss dafür bekannt ist, hohen Schaden zu verursachen.

4.2 Den Boss studieren

- **Lerne die Muster:** Wie bei jedem Spiel ist das Erlernen der Angriffsmuster eines Bosses entscheidend. Achte auf Anzeichen dafür, wann der Boss die Phase wechselt oder Spezialfähigkeiten einsetzt. Die meisten Bosse geben dir einen **visuellen Hinweis** oder einen Soundeffekt, um ihren nächsten Schritt anzukündigen.

- **Kenne deine Fluchtwege:** In vielen Fällen musst du den Angriffen des Bosses **ausweichen**. Identifiziere sichere Bereiche oder Anhöhen, die du nutzen kannst, um Schäden zu vermeiden und zu heilen.

4.3 Taktische Überlegungen

- **Mobilität:** Für Chefs mit großen Wirkungsbereichen ist es entscheidend, mobil zu bleiben. Nutze **Rückstoß, Springen** und **Schweben,** um Abstand zu halten und zu vermeiden, in einen Flächenangriff verwickelt zu werden.

- **Timing-Angriffe:** Einige Bosse haben defensive Phasen, in denen sie unverwundbar oder abgeschirmt sind. Konzentriere dich darauf, diese Phasen zu überleben, anstatt anzugreifen, und warte auf die Gelegenheit, **zuzuschlagen.**

Tipp: Stürze dich nicht unvorbereitet in die Schlacht. **Sammle so viele Informationen wie möglich** , bevor du einen großen Kampf beginnst, und habe immer einen Fluchtplan, falls die Dinge schief gehen.

Kapitel 7: Tipps, Tricks und fortgeschrittene Taktiken

7.1 Kampfeffizienz und Beherrschung des Rückstoßes

Die Beherrschung der **Kampfmechanik** und die Nutzung **des Rückstoßes** zu deinem Vorteil ist einer der wichtigsten Aspekte für den Erfolg in *Shotgun Cop Man*. Der Rückstoß ist nicht nur ein Nachteil; Bei richtiger Anwendung kann es deine Beweglichkeit und Kampfeffektivität erheblich verbessern.

1.1 Rückstoßmechanik verstehen

- **Rückstoß als Bewegungswerkzeug:** Das waffengetriebene Mobilitätssystem **des Spiels** ermöglicht es dir, den Rückstoß zu nutzen, um dich in jede Richtung zu bewegen. Indem du zur richtigen Zeit in die richtige Richtung feuerst, kannst du **höher springen**, **Angriffen ausweichen** oder sogar **große Lücken überqueren**.

  - Beispiel: Wenn du deine Schrotflinte in der Luft nach unten abfeuerst, fliegst du nach oben, was dir sowohl **Kampf- als auch Mobilitätsvorteile** verschafft.

- **Waffenspezifischer Rückstoß:** Verschiedene Waffen haben unterschiedliche Rückstoßeffekte. **Schrotflinten** haben einen starken, explosiven Rückstoß, der dich über eine kurze Distanz katapultiert, während **Pistolen** einen kontrollierteren, präziseren Rückstoß haben, der dir hilft, dich in kleineren Räumen zurechtzufinden. Die Beherrschung des Rückstoßes mit verschiedenen Waffen verschafft Ihnen einen strategischen Vorteil.

1.2 Effizienter Einsatz von Munition

- **Munition sparen: Die** Munition ist oft begrenzt, daher musst du mit deinen Schüssen effizient sein. Vermeide blindes Schießen und lerne, wie du genau zielst, indem du dich auf Schwachstellen bei Feinden oder Umweltgefahren konzentrierst, damit jeder Schuss zählt.

- **Waffenwechsel:** Erfahre, wann du **leistungsstarke Waffen** (wie Schrotflinten oder Raketenwerfer) gegen größere Feinde einsetzen solltest und wann **du Pistolen** einsetzen solltest, um schwächere Feinde schneller und effizienter zu eliminieren. Der richtige Waffenwechsel hält dein Arsenal vielseitig und deine Munition in Schach.

1.3 Rückstoßsprünge und Bewegung

- **Meistern des Rückstoßspringens:** Indem du deine Waffe nach unten abfeuerst, kannst du dich hoch in die Luft katapultieren und so Plattformen erreichen oder feindlichen Angriffen ausweichen. Das Timing ist entscheidend – feuere kurz vor der Landung, um **zusätzliche Höhe zu gewinnen**.

- **Schweben mit Pistolen:** Beim Einsatz von Pistolen **kann das Schweben** verwendet werden, um länger in der Luft zu bleiben, was es einfacher macht, feindlichem Feuer auszuweichen und während des Kampfes strategische

Positionen einzunehmen.

Tipp: Integriere **Rückstoßsprünge** in deinen **Kampffluss**. Benutze es nicht nur, um dich zu bewegen, sondern auch, um beweglich zu bleiben, während du Feinde besiegst.

7.2 Speedrun-Techniken

Beim Speedrunning in *Shotgun Cop Man* dreht sich alles um Effizienz, Präzision und das Ausnutzen der Spielmechanik, um die Zeit zu schlagen. Egal, ob du ein Level schnell abschließen oder einen **Weltrekord anstreben willst**, diese Techniken werden dir einen Vorteil verschaffen.

2.1 Routenoptimierung

- **Überspringe unnötige Kämpfe:** Beim Speedrunning ist **die Kampfeffizienz** der Schlüssel. Überspringe unnötige Kämpfe und kämpfe nur gegen Feinde, wenn sie sich in deinem direkten Weg befinden oder einen taktischen Vorteil bieten (z. B. das Sammeln von Power-Ups).

- **Verwenden Sie Abkürzungen und Geheimnisse:** Lernen Sie das Layout jedes Levels kennen und finden Sie **versteckte Routen** , die harte Feinde oder Herausforderungen in der Umgebung umgehen. Oft können diese Tastenkombinationen Ihre Zeit um Sekunden verkürzen.

2.2 Erweiterte Bewegungs- und Rückstoßmanipulation

- **Fortgeschrittene Rückstoßsprünge:** Die Beherrschung des Rückstoßsprungs ist für einen schnellen Lauf unerlässlich. Setze **präzise Rückstoßschüsse** ein, um hohe Plattformen zu erreichen, Gefahren zu vermeiden oder Hindernisse zu umgehen. Optimiere deine Bewegung, indem du lernst, in den perfekten Winkeln zu springen, um deinen Schwung aufrechtzuerhalten.

- **Bounce Exploits:** Einige Bereiche haben Bounce Pads oder Umgebungselemente, die verwendet werden können, um deine Geschwindigkeit zu erhöhen. **Pralle strategisch von Wänden** oder Feinden ab, um dich schneller zu bewegen und gleichzeitig die Genauigkeit deiner Schüsse zu bewahren.

2.3 Zeitsparende Techniken

- **Überspringen von Zwischensequenzen:** Viele Speedrunner überspringen Zwischensequenzen, um ihre Zeit im Spiel zu minimieren. Wenn möglich, **überspringen Sie alle unnötigen Dialoge** oder Sequenzen, die das Gameplay nicht beeinflussen.

- **Präziser Waffenwechsel:** Der schnelle Wechsel zwischen den Waffen (mit dem **Hotkey-System) kann dir helfen, im Kampf effizienter zu sein, sodass du schnell und ohne Zeitverlust mit Feinden fertig werden kannst.**

Tipp: Übe für jedes Level die **optimale Route** und baue **Rückstoßsprünge konsequent** in deine Bewegung ein. Je flüssiger deine Läufe sind, desto schneller wird deine Zeit sein.

7.3 Kettenkills und Kombos

Die Fähigkeit, **Kettenkills** und **Kombos auszuführen,** verbessert nicht nur deine Effektivität im Kampf, sondern erhöht auch deine **Punktzahl** und deinen **Schadensausstoß.** Diese Mechanik belohnt Spieler, die während der Kämpfe einen Rhythmus beibehalten können, und ermöglicht es ihnen, Feinde effizient auszulöschen.

3.1 Chain Kills erklärt

- **Eliminierung von Feinden in schneller Folge:** Kettenkills werden ausgelöst, wenn du mehrere Feinde **innerhalb eines kurzen Zeitrahmens** tötest. Je schneller du Feinde eliminierst, desto höher ist der **Kombo-Multiplikator.** Einige Waffen, wie Schrotflinten oder Granatwerfer, eignen sich hervorragend, um mit Gruppen von Feinden fertig zu werden und **Kettentötungen** auszulösen.

- **Töte Feinde, während du dich bewegst:** Kombiniere Rückstoß, Springen oder Schweben mit deinen Angriffen, um beweglich zu bleiben, während du Kills verkettest. Wenn du in Bewegung bleibst, wird es für Feinde schwieriger, dich zu treffen, während du schnell mehrere Feinde eliminieren kannst.

3.2 Kombo-Angriffe

- **Waffenkombos:** Einige Waffen haben Kombopotenzial, wenn sie in schneller Folge eingesetzt werden. Zum Beispiel kann ein **Schrotflintenschuss,** gefolgt von **Pistolenfeuer,** schnell kleine Gruppen von Feinden eliminieren. Lerne, schnell die Waffen zu wechseln, um diese Kombo-Angriffe zu nutzen.

- **Umgebungskombos:** Nutze Umweltgefahren wie explosive Fässer oder elektrische Fallen, um Feinde ohne Munition zu töten. Das Aufstellen von Fallen und das Aneinanderreihen von Kills mit ihnen verleiht deinem Kampfstil zusätzliches Flair.

3.3 Combo-Boosts und Punktevergabe

- **Bonuspunkte: Das Ausführen von Long-Chain-Kills oder Multi-Kill-Kombos erhöht deine Punktzahl, wodurch** Erfolge **und** Belohnungen **wie Munitions-Boosts oder Gesundheitspakete** freigeschaltet werden.

- **Multiplikator-Boost:** Einige Levels verfügen über Multiplikatoren, die die Belohnungen erhöhen, die du für Ketten-Kills erhältst. Lernen Sie die Positionen dieser Multiplikatoren kennen und nutzen Sie sie, um Ihre Punktzahl und Effizienz zu maximieren.

Tipp: Übe **den Waffenwechsel** und die Kombination verschiedener Angriffsmethoden, um flüssige **Kombos zu erstellen** , die deinen Schadensausstoß erhöhen und gleichzeitig deine Gefährdung durch feindlichen Beschuss verringern.

7.4 Wiederherstellung nach Fehlern

Niemand ist perfekt, und Fehler werden passieren. Egal, ob du einen Schuss verfehlst, in eine Falle fällst oder versehentlich eine harte Feindbegegnung auslöst, es ist wichtig zu wissen, wie du dich schnell erholst und weiter vorankommst, ohne den Schwung zu verlieren.

4.1 Schnelle Wiederherstellungstechniken

- **Rückstoß zur Flucht:** Wenn du einen Fehler machst oder in die Enge getrieben wirst, nutze den Rückstoß, um **dich aus der Gefahr zu katapultieren**. Ein schneller Rückstoßsprung kann dir helfen, Distanz zu gewinnen, so dass du Zeit hast, dich neu zu gruppieren und deinen nächsten Zug zu planen.

- **Deckung effektiv einsetzen:** Zögere nicht, Deckung zu verwenden , um Schaden zu vermeiden. Wenn du dich hinter Objekten oder Strukturen duckst, hast du die Möglichkeit, dich zu heilen oder deine Strategie zu überdenken, vor allem, wenn du wenig Gesundheit oder Munition hast.

4.2 Umgang mit Ressourcen unter Druck

- **Heilgegenstände:** Wenn du dich in einer schwierigen Situation befindest, ist es wichtig, **heilende Gegenstände** zur Hand zu haben. Setze sie mit Bedacht ein und hebe sie für den Fall auf, dass du wenig Gesundheit hast und einem schwierigen Feind gegenüberstehst.

- **Munitionseinsparung:** Wenn dir die Munition ausgeht, wechsle zu einer ressourcenschonenderen **Waffe** wie einer Pistole oder nutze **Nahkampfangriffe** (falls verfügbar), um Munition für anspruchsvollere Kämpfe zu sparen.

4.3 Wiederherstellung von Fehlern im Kampf

- **Umgang mit überwältigenden Widrigkeiten:** Wenn Sie mit überwältigenden Widrigkeiten konfrontiert sind, ist es manchmal besser, **sich zurückzuziehen,** als sich zu engagieren. Nutze dein Rückstoßspringen und Schweben, um in Bewegung zu bleiben, einen Gegner nach dem anderen auszuschalten und direkte Kämpfe zu vermeiden, wann immer es möglich ist.

- **Rückzug, um Fortschritt zu retten:** Wenn du dich in einem schwierigen Bereich befindest und mit den Feinden nicht umgehen kannst, **ziehe dich** zum nächsten Checkpoint oder sicheren Bereich zurück, um deine Herangehensweise zu überdenken. Wenn Sie einen Schritt zurücktreten, um Ihre Strategie zu überdenken, führt dies oft zu einem besseren Ergebnis.

Tipp: Bleiben Sie nach einem Fehler ruhig. Nutzen Sie Ihre Mobilität und Ihre Ressourcen, um **sich schnell zu erholen** und voranzukommen. Jeder Fehler ist eine Chance, deine Fähigkeiten zu verbessern und aus deinen vorherigen Begegnungen zu lernen.

Kapitel 8: Geheimnisse, Sammlerstücke und Easter Eggs

8.1 Versteckte Bereiche und wie man sie findet

In *Shotgun Cop Man* kann das Erkunden aller Ecken und Winkel die Spieler mit geheimen Bereichen belohnen, die mit Power-Ups, Bonusgegenständen und Überlieferungen gefüllt sind. Diese versteckten Räume sind über die Spielwelt verstreut, und wenn du sie findest, kannst du dein Spielerlebnis insgesamt erheblich verbessern.

1.1 Standorte von versteckten Bereichen

- **Abseits des Pfades:** Viele geheime Gebiete befinden sich **abseits der ausgetretenen Pfade**. Diese können sich hinter zerstörbaren Wänden, versteckten Türen oder Bereichen befinden, die präzise Sprünge mit Rückstoß erfordern. Halten Sie Ausschau nach subtilen visuellen Hinweisen wie **schwachen Markierungen** an Wänden, Bodenrissen oder zerklüftetem Gelände.

- **Interaktionen mit der Umgebung**: An bestimmten Orten kannst du mit der Umgebung interagieren, z. B. **Kisten schieben** oder **versteckte Schalter aktivieren**. Diese eröffnen oft bisher unzugängliche Bereiche.

1.2 Verwenden von Tools zum Entsperren von Geheimnissen

- **Waffen als Werkzeuge:** Einige Waffen, wie Sprengstoffwerfer oder Schrotflinten, können dir helfen, Barrikaden zu durchbrechen oder versteckte Räume aufzusprengen. Experimentiere mit deiner Waffenausrüstung, um neue Wege zu entdecken.

- **Klettern und Springen:** Viele versteckte Bereiche sind so gestaltet, dass **sie unerreichbar sind**, sodass du Rückstoßsprünge, Schwebemechaniken oder Plattformen verwenden musst, um sie zu erreichen. Präzision in deinen Bewegungen und Timings werden dich mit **verborgenen Schätzen** belohnen.

1.3 Vorteile der Erkundung versteckter Bereiche

- **Power-Ups und Gesundheitspakete:** Diese Bereiche enthalten oft **seltene Power-Ups**, die in der Hauptspielschleife nicht verfügbar sind. Dazu gehören **Gesundheitsboosts, Schadensverstärker** oder **seltene Munition**.

- **Überlieferungen und Sammlerstücke:** Die Erkundung geheimer Gebiete eröffnet auch die Möglichkeit, **versteckte Überlieferungen** und Sammlerstücke zu finden, die die Hintergrundgeschichte des Spiels bereichern und Bonusinhalte für Komplettisten bieten.

Tipp: Hetze nicht durch die Levels, sondern nimm dir Zeit, jeden Winkel der Karte zu erkunden. Du weißt nie, welche verborgenen Schätze oder Überlieferungen du vielleicht entdecken wirst.

8.2 Sammler-Skins und Bonus-Items

Im Laufe von *Shotgun Cop Man* hast du die Möglichkeit, verschiedene **Skins** und **Bonusgegenstände zu sammeln** , die das Aussehen deines Charakters verbessern oder zusätzliche Vorteile bieten. Diese Sammlerstücke sind oft an **geheime Bereiche** oder Erfolge gebunden und bieten zusätzliche Motivation, die Herausforderungen des Spiels zu erkunden oder zu meistern.

2.1 Skins und Anpassung

- **Freischaltbare Skins:** Das Abschließen bestimmter Herausforderungen oder das Finden versteckter Bereiche kann dich mit **Skins belohnen** , die das Aussehen deines Charakters verändern. Diese Skins sind rein kosmetisch, dienen aber als Statussymbol für Komplettisten oder Speedrunner.

- **Spezielle Skins:** Einige Skins werden für das Abschließen von **Spielmeilensteinen vergeben**, wie z. B. das Besiegen aller Bosse, das Abschließen von Levels auf dem härtesten Schwierigkeitsgrad oder das Erreichen eines Highscores in einem Level.

2.2 Bonusgegenstände und Power-Ups

- **Einzigartige Power-Ups:** Im Spiel sind **seltene Bonusgegenstände** wie vorübergehende **Unbesiegbarkeit**,

aufgeladene Waffen oder **explosive Projektile verstreut**. Diese Gegenstände können in **versteckten Bereichen** gefunden werden und bieten einen taktischen Vorteil in harten Schlachten.

- **Limitierte Boni:** Einige Gegenstände sind nur während **besonderer Events** verfügbar oder werden durch **zeitlich begrenzte Herausforderungen freigeschaltet,** was die Spieler dazu anregt, Level erneut zu spielen und mit der Community in Kontakt zu bleiben.

2.3 Kosmetische Gegenstände und Sammeln

- **Kosmetische Änderungen:** Das Sammeln von **speziellen Bonusgegenständen** hat möglicherweise keinen Einfluss auf deine Kampffähigkeiten, aber sie können die **Ästhetik** deines Charakters verbessern. Du kannst zum Beispiel **ausgefallene Ausrüstung**, verschiedene Outfits oder einzigartige visuelle Effekte freischalten.

- **Sammlungsbelohnungen:** Wenn du ein komplettes Set an Sammelgegenständen vervollständigst, kannst du manchmal zusätzliche Inhalte wie **Bonuslevel** oder **Spezialmodi freischalten**. Halte Ausschau nach sammelbezogenen Erfolgen, die zu diesen Freischaltungen führen.

Tipp: Überprüfe immer jeden geheimen Bereich auf Sammlerstücke. Sie verleihen dem Spiel Würze und sind oft mit Spielvorteilen verbunden.

8.3 Überlieferungen und Referenzen im Spiel

Shotgun Cop Man steckt voller **Hintergrundgeschichten** und **Anspielungen** , die die Welt mit Leben füllen und dem Setting des Spiels mehr Kontext verleihen. Das Aufdecken dieser Geschichten gibt den Spielern ein tieferes Verständnis für die Welt, ihre Charaktere und die Handlung.

3.1 Lore-Gegenstände finden

- **Versteckte Überlieferungsgegenstände:** Auf deiner Reise stößt du auf **Bücher**, **Tagebücher** oder **Audioprotokolle,** die in versteckten Bereichen verstreut sind. Diese Gegenstände enthüllen Teile der Hintergrundgeschichte des Spiels, die Geschichte der Unterwelt und die **persönlichen Geschichten der wichtigsten Charaktere**.

- **Environmental Storytelling:** Die Umgebung selbst kann eine Geschichte erzählen. Halten Sie Ausschau nach **Graffiti**, **Postern** oder **Umgebungsdesigns,** die auf tiefere Ereignisse oder vergangene Ereignisse in der Spielwelt hinweisen.

3.2 Verweise auf die Populärkultur

- **Popkultur-Anspielungen:** *Shotgun Cop Man* ist vollgepackt mit **Easter Eggs**, die sich auf beliebte Filme, Spiele und Bücher beziehen. Diese können von **subtilen visuellen Hinweisen** wie einem **Poster an einer Wand** bis hin zu **überlebensgroßen Referenzen wie** Bosskämpfen, die ikonischen Charakteren aus Science-Fiction oder Actionfilmen nachempfunden sind, reichen.

- **Hommagen an klassische Spiele:** Von Zeit zu Zeit wirst du Anspielungen auf klassische Plattformer, Shooter und andere Retro-Spiele entdecken. Diese Nominierungen können eine lustige Herausforderung für Spieler sein, die Spaß daran haben, **die Spielgeschichte** zu entdecken.

3.3 Die vollständige Lore freischalten

- **Alle Überlieferungen freischalten:** Einige Teile der Geschichte werden durch **die vollständige Erkundung** versteckter Bereiche sowie durch das Erreichen bestimmter Meilensteine freigeschaltet. Sammle alle versteckten Lore-Gegenstände, um die **vollständige Hintergrundgeschichte** der Unterwelt und die Ursprünge von *Shotgun Cop Man freizuschalten.*

- **Erfolge und Überlieferungen:** Das Abschließen bestimmter Erfolge, wie das Besiegen **spezieller Mini-Bosse** oder das Sammeln **seltener Gegenstände**, kann auch das Freischalten zusätzlicher Lore-Schnipsel oder **versteckter Story-Zwischensequenzen** auslösen.

Tipp: Halten Sie Ausschau nach Hinweisen und Hinweisen auf die Umgebung, die einen Einblick in die Welt geben. Sie führen oft zu interessanten Lore-Items oder schalten tiefere Erzählungen frei.

8.4 Geheimnisse und Nods der Entwickler

Zusätzlich zu versteckten Bereichen und Sammelobjekten *steckt Shotgun Cop Man* voller **Entwicklergeheimnisse** und **Anspielungen** auf Fans des Spiels, des Entwicklungsprozesses und sogar der Branche selbst. Diese Geheimnisse reichen von versteckten Entwicklernachrichten bis hin zu besonderen Easter Eggs, die nur die aufmerksamsten Spieler aufdecken können.

4.1 Entwickler-Nachrichten

- **Versteckte Entwicklerräume:** Gelegentlich kann es vorkommen, dass ihr über **versteckte Entwicklerräume stolpert** , die Easter Eggs und spezielle Entwicklernachrichten enthalten. Diese Räume enthalten oft seltsame Texte oder skurrile Bilder, die sich auf die Erfahrungen des Entwicklerteams und Insider-Witze beziehen.

- **Geheime Notizen und Easter Eggs:** Einige Level enthalten **versteckte Notizen** oder **Nachrichten von den Entwicklern**. Diese Nachrichten können Witze, Tipps oder Hinweise auf bevorstehende Inhalte enthalten. Halten Sie Ausschau nach allem, was fehl am Platz erscheint – besonders in **abgelegenen Gegenden**.

4.2 Insider-Witze und Anspielungen auf Fans

- **Anspielungen auf die Fans:** Das Spiel bietet mehrere Insider-Witze, die langjährige Fans zum Lächeln bringen werden. Dazu können **Wortspiele** oder Verweise auf Community-Veranstaltungen gehören. In einem zufälligen Raum kann beispielsweise eine Statue oder ein Poster mit einem Verweis auf ein beliebtes **Community-Mitglied zu sehen sein**.

- **Versteckte Entwickler-Charaktere:** Gelegentlich erscheinen Entwickler als versteckte Charaktere oder Easter-Egg-Charaktere. Diese Charaktere werden oft an geheimen Orten platziert oder in **Mini-Boss-Begegnungen versteckt**. Wenn du sie findest, kannst du mit **besonderen Dialogen** oder **einzigartigen Interaktionen belohnt werden**.

4.3 Die vierte Wand durchbrechen

- **Meta-Easter Eggs:** Einige Easter Eggs durchbrechen die **vierte Wand** und erkennen die Rolle des Spielers im Spiel an. Diese können von **selbstbewussten Dialogen** bis hin zu versteckten Nachrichten über die Spielmechanik oder zukünftige Updates reichen.

Tipp: Achte auf **seltsame Verhaltensweisen** oder **ungewöhnliche Interaktionen** im Spiel. Diese könnten Sie zu **Entwicklergeheimnissen** oder besonderen Easter Eggs führen, die Ihre Neugier belohnen.

Kapitel 9: Erfolge, Trophäen und Herausforderungen

9.1 Vollständige Liste der Errungenschaften

Shotgun Cop Man bietet eine Vielzahl von **Erfolgen**, die Spieler für das Erfüllen bestimmter Aufgaben, das Meistern von Spielmechaniken und das Erkunden der Spielwelt belohnen. Die Erfolge reichen von einfachen Meilensteinen bis hin zu herausfordernden Heldentaten und bieten sowohl **Gelegenheitsspielern** als auch **Hardcore-Meistern** Ziele, die sie anstreben können.

1.1 Gemeinsame Errungenschaften

- **Erster Schuss**: Schließe die erste Mission ab und besiege deinen ersten Feind.

- **Grundlegende Kampfmeisterschaft**: Töte 100 Feinde mit einer beliebigen Waffe.

- **Underworld Survivor**: Schließe dein erstes Level ab, ohne zu sterben.

1.2 Seltene Erfolge

- **Recoil King**: Nutze erfolgreich den Rückstoß, um über 100 Hindernisse zu springen.

- **Combo-Experte**: Erziele eine **10-Treffer-Kombo,** ohne einen Schuss zu verpassen.

- **Secret Seeker**: Entdecke alle versteckten Bereiche in einem einzigen Level.

1.3 Schwierigkeitsbasierte Erfolge

- **Unaufhaltsam**: Schließe ein Level auf dem höchsten Schwierigkeitsgrad ab, ohne zu sterben.

- **Speed Demon**: Schließe ein beliebiges Level in weniger als **10 Minuten** auf dem Schwierigkeitsgrad "Schwer" ab.

1.4 Sonstige Errungenschaften

- **Treuer Sammler**: Sammle alle Sammlerstücke im Spiel.

- **Time Traveler**: Schließe das Spiel in weniger als **10 Stunden** Spielzeit ab.

- **Perfektionist**: Erreiche **100 % Erfüllung** aller Aufgaben und Geheimnisse des Spiels.

Tipp: Überprüfe immer die **Erfolgsliste**, um Hinweise auf versteckte Ziele zu erhalten. Einige Erfolge sind vielleicht nicht sofort offensichtlich, können aber nach dem Freischalten erhebliche Belohnungen bringen.

9.2 Wie man seltene Trophäen freischaltet

Einige Trophäen in *Shotgun Cop Man* sind an **seltene Heldentaten** oder **schwierige Herausforderungen gebunden** , die nur von Spielern freigeschaltet werden können, die sich der Beherrschung des Spiels verschrieben haben. Diese Trophäen sind oft dazu gedacht, Ihr Können, Ihre Präzision und Ihre Geduld auf die Probe zu stellen.

2.1 Beenden des schweren Modus

- **Das Hardcore-Abzeichen**: Schalte diese seltene Trophäe frei, indem du das gesamte Spiel auf **dem Schwierigkeitsgrad "Schwer"** abschließt. Dieser Modus erhöht nicht nur die Stärke des **Feindes**, sondern begrenzt auch deine Ressourcen, so dass jede Entscheidung entscheidend ist.

- **Fortgeschrittene Kämpfe**: Besiege jeden Boss im schweren Modus, ohne Power-Ups oder Heilgegenstände zu verwenden.

2.2 Speedrun-Herausforderungen

- **Speed God**: Schließe alle Level in weniger als **15 Minuten** ab, indem du **Speedrun-Techniken** wie Rückstoßsprünge und optimierte Bewegungen anwendest.

- **No Death Speedrun**: Schließe ein Level ab, ohne zu sterben, während du die Mission in Rekordzeit abschließt.

2.3 Trophäen für die Fertigkeitsmeisterschaft

- **Ultimative Genauigkeit**: Erziele **100% Genauigkeit** während eines Levels. Jeder Schuss muss landen, und es gibt keinen Raum für Fehler.

- **Perfekte Verteidigung**: Schließe ein Level ab, ohne Schaden zu nehmen. Diese seltene Trophäe erfordert präzise Bewegungen und perfektes Timing, um feindlichen Angriffen auszuweichen.

2.4 Leistungsbasierte Trophäen

- **Geheimer Meister**: Schalte das **geheime Ende** des Spiels frei, indem du jedes versteckte Sammelobjekt findest und alle Errungenschaften im Zusammenhang mit der Geschichte abschließt.

- **Combo-Overlord**: Erziele eine **100-Treffer-Kombo,** indem du Kills in schneller Folge verkettest.

Tipp: Konzentriere dich darauf, **eine Errungenschaft nach der anderen zu perfektionieren.** Seltene Trophäen können oft mehrere Strategien erfordern, wie z. B. **Speedrun, Präzisionskämpfe** und **die Erkundung versteckter Bereiche.** Mach Pausen und übe jeden Abschnitt, um deine Chancen zu erhöhen.

9.3 Challenge Runs und benutzerdefinierte Ziele

Für Spieler, die auf der Suche nach einem einzigartigen Erlebnis sind, *bietet Shotgun Cop Man* auch **Herausforderungsläufe** und die Möglichkeit, **sich benutzerdefinierte Ziele zu setzen**. Diese sorgen für Abwechslung und Wiederspielbarkeit im Spiel, da du deine eigenen Einschränkungen und Ziele für einen schwierigeren, personalisierten Lauf erstellen kannst.

3.1 Herausforderungsläufe

- **Reiner Schrotflintenlauf**: Schließe das gesamte Spiel nur mit der Schrotflinte als Waffe ab. Diese Herausforderung entfernt andere mächtige Waffen und zwingt dich, deine Strategie an den Rückstoß und die Streuung der Schrotflinte anzupassen.

- **Keine Heilungsherausforderung**: Schließe ein Level oder das gesamte Spiel ab, ohne Gesundheitspakete oder Heilgegenstände zu verwenden. Dies erfordert Präzision und die perfekte Vermeidung von Beschädigungen.

- **One-Life-Run**: Versuche, das gesamte Spiel zu beenden, ohne auch nur ein einziges Mal zu sterben. Dies ist eine der schwierigsten Herausforderungen und stellt deine Beherrschung sowohl der Kampf- als auch der Bewegungsmechanik auf die Probe.

3.2 Benutzerdefinierte Ziele

- **Lege deine eigenen Regeln fest**: Erstelle deine eigenen benutzerdefinierten Herausforderungen, indem du bestimmte Bedingungen auswählst, z. B. nur Nahkampfangriffe verwendest oder Levels unter bestimmten Zeitlimits abschließt.

- **Community-Herausforderungen**: Nimm an Community-Herausforderungen teil, die deine Fähigkeiten auf kreative Weise auf die Probe stellen. Diese Herausforderungen sind oft über Online-Bestenlisten verfügbar und bieten **Belohnungen** für die besten Leistungen.

3.3 Variationen der Herausforderung

- **Zeitfahren**: Fahre in speziell gestalteten Levels gegen die Zeit. Versuchen Sie, diese Levels so schnell wie möglich abzuschließen und gleichzeitig Ihre **Kampfeffizienz beizubehalten**.

- **Überlebensmodus**: Teste deine Ausdauer in Wellen von Feinden. Überlebe so lange wie möglich, während du dich mit immer schwierigeren Gegnern und begrenzten Ressourcen auseinandersetzen musst.

Tipp: Nehmen Sie **eine Herausforderung nach der anderen** an, um sich nicht überfordert zu fühlen. Herausforderungsläufe sind darauf ausgelegt, deine Fähigkeiten unter bestimmten Bedingungen zu testen, so dass die Perfektionierung jedes einzelnen dein gesamtes Gameplay verbessern wird.

9.4 Verfolgung von Fortschritten und Belohnungen

Um den Spielern zu helfen, ihre Erfolge und Fortschritte zu verfolgen, *bietet Shotgun Cop Man* ein intuitives **Tracking-System**, das dich über deinen Fortschritt beim Freischalten von Trophäen, Abschließen von Herausforderungen und Sammeln von Gegenständen auf dem Laufenden hält.

4.1 Erfolgs-Tracker

- **Fortschrittsbalken**: Das Spiel verfügt über einen **Fortschrittsbalken** , der anzeigt, wie nah Sie an der Freischaltung der einzelnen Erfolge sind. Du kannst zum Beispiel einen Prozentsatz neben Erfolgen wie "Schließe alle Level ab" oder "Besiege alle Bosse" sehen, mit dem du verfolgen kannst, wie weit du noch gehen musst.

- **Detaillierte Erfolgsliste**: Jeder Erfolg wird im **Pausenmenü aufgelistet**, und wenn du auf jeden Eintrag klickst, erhältst du einen **Hinweis** darauf, wie du ihn freischalten kannst. Dies ist nützlich für Spieler, die nicht genau wissen, wie sie einen Erfolg oder eine Herausforderung auslösen können.

4.2 Trophäen-Raum

- **Trophäenkiste**: In deinem Trophäenraum im Spiel findest du alle Trophäen, die du freigeschaltet hast. Hier kannst du deine Erfolge stolz zur Schau stellen, was dir ein Gefühl des Stolzes und der Leistung für das Meistern schwieriger

Herausforderungen gibt.

- **Seltene Trophäen anzeigen**: Der Trophäenraum verfügt auch über einen Bereich für seltene oder **besondere Trophäen**, in denen die schwierigsten und prestigeträchtigsten Errungenschaften hervorgehoben werden.

4.3 Belohnungssystem

- **Freischaltbare Gegenstände**: Einige Erfolge schalten spezielle **Skins, Waffen-Upgrades** oder **Bonusinhalte frei**. Wenn du zum Beispiel eine bestimmte Reihe von Herausforderungen abschließt, kannst du mit **zusätzlicher Gesundheit, einzigartigen Skins** oder **besonderen Waffen** belohnt werden.

- **Freischaltbare Funktionen**: Das Abschließen einer bestimmten Anzahl von Herausforderungen oder das Freischalten einer bestimmten Anzahl von Trophäen kann auch neue Spielfunktionen freischalten, wie z. B. neue **Schwierigkeitsmodi** oder **Spielmodi** wie **New Game Plus** oder **den Hardcore-Modus**.

Tipp: Nutzen Sie den **Erfolgstracker,** um sich Ziele zu setzen und motiviert zu bleiben. Es ist eine großartige Möglichkeit, das Spiel in kleinere, überschaubarere Aufgaben zu unterteilen, die du in deinem eigenen Tempo erledigen kannst.

Kapitel 10: Zusätzliche Ressourcen und Community

10.1 Empfohlene Mods und benutzerdefinierte Inhalte

Die *Shotgun Cop* Man-Community hat eine Vielzahl von **Mods** und **benutzerdefinierten Inhalten** entwickelt , die das Spiel verbessern und erweitern. Egal, ob du auf der Suche nach **neuen Gameplay-Features, kosmetischen Änderungen** oder sogar **völlig neuen Levels bist**, Mods können frische und aufregende Möglichkeiten bieten, das Spiel zu erleben.

1.1 Beliebte Mods

- **Verbessertes Grafikpaket**: Ein Mod, der die Grafik des Spiels aufwertet, indem er **hochwertigere Texturen, bessere Lichteffekte** und detailliertere Umgebungen hinzufügt. Ideal für Spieler, die ein noch intensiveres visuelles Erlebnis suchen.

- **Neue Waffen-Mod**: Diese Mod führt neue **Waffentypen ein**, jeder mit seinen eigenen einzigartigen Mechaniken, die dem Kampf mehr Abwechslung und strategische Tiefe verleihen. Von **Lasergewehren** bis hin zu **Wurfsprengstoffen** ist dieser Mod perfekt für diejenigen, die mehr Kampfoptionen wünschen.

- **Custom Levels Mod**: Eine Auswahl an **von Fans erstellten Levels**, die die Spieler mit neuen Umgebungen, Rätseln und

Feinden herausfordern. Diese Levels bringen oft **neue Herausforderungen mit sich** und können eine unterhaltsame Möglichkeit sein, das Spiel noch lange nach Abschluss der Haupthandlung interessant zu halten.

1.2 Benutzerdefinierte Skins und Grafiken

- **Charakter-Skins**: Benutzerdefinierte Skins für den Protagonisten oder Feinde, die oft auf der Popkultur oder persönlichen Kreationen basieren. Diese Skins ermöglichen es Ihnen, das Spiel zu personalisieren und Ihre eigene ästhetische Note hinzuzufügen.

- **Visuelle Verbesserungen**: Mods, die neue **Partikeleffekte, dynamische Beleuchtung** und **Wettereffekte einführen,** um die Spielwelt lebendiger und immersiver zu machen.

1.3 So installieren Sie Mods

- **Modding-Tools**: Die meisten Modding-Tools erfordern, dass du Modding-Tools verwendest, die von der Community zur Verfügung gestellt werden. Diese Tools können von verschiedenen Websites heruntergeladen werden, die dem Spiel gewidmet sind.

- **Installationsanleitung**: Befolgen Sie immer sorgfältig die Installationsanweisungen, um die Kompatibilität sicherzustellen. Die meisten Mods müssen in bestimmten Ordnern oder Verzeichnissen innerhalb der Spieldateien installiert werden.

1.4 Erstellen eigener Mods

- **Modding-Community**: Für diejenigen, die daran interessiert sind, ihre eigenen Mods zu erstellen, gibt es mehrere **Tutorials** und **Anleitungen,** die online verfügbar sind. Diese Ressourcen führen dich durch die Grundlagen des Moddings, von der Erstellung benutzerdefinierter Skins bis hin zum Entwerfen neuer Levels oder Gameplay-Mechaniken.

10.2 Community-Foren und Discord-Server

Die *Shotgun Cop* Man-Community ist aktiv, leidenschaftlich und voller engagierter Spieler, die es lieben, ihre Erfahrungen, Tipps und Mods zu teilen. Der Beitritt zu diesen Communities kann dir wertvolle Einblicke und die Möglichkeit bieten, dich mit anderen Spielern zu vernetzen.

2.1 Offizielle Foren

- **Spielforum**: Das offizielle *Shotgun Cop* Man-Forum ist die zentrale Anlaufstelle für Diskussionen, Updates und Fehlerbehebungen. Es ist ein großartiger Ort, um Tipps auszutauschen, Hilfe bei schwierigen Levels zu erhalten oder mit den Entwicklern in Kontakt zu treten, um Feedback zum Spiel zu erhalten.

- **Modding-Bereich**: Es gibt einen speziellen Bereich, in dem Spieler **Mods, benutzerdefinierte Inhalte** und andere von Fans erstellte Ergänzungen zum Spiel posten, teilen und diskutieren können.

2.2 Discord-Server

- **Offizieller Discord**: Der offizielle *Discord-Server von Shotgun Cop Man* ist ein großartiger Ort, um in Echtzeit mit anderen Spielern zu chatten, Strategien auszutauschen und sich an Diskussionen über Updates oder bevorstehende Inhalte zu beteiligen.

- **Modding Discord**: Es gibt auch einen Discord-Server speziell für **Modder** und **Custom Content Creator**. Hier können Spieler ihre Kreationen teilen, Fragen zum Modding stellen oder sich von erfahrenen Moddern beraten lassen.

2.3 Community-Veranstaltungen

- **Turniere und Herausforderungen**: Viele Spieler organisieren **Community-Turniere**, bei denen die Teilnehmer gegeneinander antreten, um die besten Ergebnisse zu erzielen oder Herausforderungen in der schnellsten Zeit zu meistern. Diese Veranstaltungen werden oft auf Discord oder in den offiziellen Foren gehostet.

- **Wöchentliche Herausforderungen**: Nimm an wöchentlichen Community-Herausforderungen teil, die deine Fähigkeiten auf die Probe stellen und lustige, einzigartige Ziele bieten. Diese Herausforderungen sind perfekt für Spieler, die etwas Neues ausprobieren oder gegen den Rest der Community antreten möchten.

2.4 Verbindung mit den Entwicklern

- **Fragen und Antworten für Entwickler**: Auf dem offiziellen Discord-Server finden häufig **Frage- und Antwortrunden** mit den Entwicklern statt, bei denen die Spieler Fragen stellen und Einblicke in zukünftige Updates oder den Entwicklungsprozess des Spiels erhalten können.

- **Feedback und Vorschläge**: Die Spieler können auch ihr **Feedback** und **ihre Vorschläge** mit den Entwicklern teilen und so die zukünftige Richtung des Spiels mitgestalten.

10.3 Entwickler-Updates und Patchnotes

Das Spiel wird ständig mit **neuen Funktionen, Fehlerbehebungen** und **Balance-Änderungen aktualisiert**. Wenn du mit den neuesten Updates auf dem Laufenden bleibst, bist du immer darüber informiert, was es Neues gibt und wie sich diese Änderungen auf dein Gameplay auswirken.

3.1 Offizielle Patchnotes

- **Patch Notes**: Die Entwickler veröffentlichen regelmäßig detaillierte **Patch Notes** mit Änderungen, Verbesserungen und Fehlerbehebungen. Diese Hinweise helfen den Spielern zu verstehen, was in jedem neuen Patch aktualisiert oder geändert wurde.

- **Versionsverlauf**: Die Patchnotes enthalten auch einen Versionsverlauf, mit dem Spieler die Änderungen am Spiel im Laufe der Zeit verfolgen können.

3.2 Wichtige Aktualisierungen

- **Inhaltsupdates**: Erwartet **neue Level, Bosskämpfe** und **Waffen, die** durch große Updates hinzugefügt werden. Diese Updates führen oft neue Spielerlebnisse ein und erweitern das Kernspiel.

- **Gameplay-Anpassungen**: Zu den Updates gehören auch **Balance-Änderungen** an der Kampfmechanik, dem Verhalten der Feinde oder der Funktionsweise bestimmter Waffen und Fähigkeiten. Es ist wichtig, diese Updates regelmäßig zu überprüfen, um auf dem Laufenden zu bleiben.

3.3 Fehlerbehebungen und Leistungsverbesserungen

- **Fehlerbehebungen**: Entwickler arbeiten ständig daran, Probleme zu beheben, die von Spielern gemeldet werden, einschließlich **Spielabstürzen, KI-Fehlern** oder **Problemen mit dem Levelfortschritt**. Wenn ihr euch mit den Patchnotes auf dem Laufenden haltet, erfahrt ihr, wenn diese Fehler behoben sind.

- **Leistungsverbesserungen**: Jeder Patch kann **Leistungsoptimierungen enthalten** , um die Stabilität des Spiels zu verbessern und einen reibungsloseren Betrieb zu gewährleisten, insbesondere für solche mit minderwertiger Hardware.

3.4 Feedback aus der Community

- **Feedback-Integration**: Die Entwickler berücksichtigen das Feedback aus den **Community-Foren** und dem **Discord-Server** bei der Planung neuer Updates. Die Spieler können ihre Vorschläge einbringen und Fehler melden, um das Spielerlebnis insgesamt zu verbessern.

10.4 Wo zu schauen: Streams und Let's Plays

Wenn Sie mehr über das Spiel erfahren oder einfach nur anderen beim Spielen zusehen möchten, gibt es viele Möglichkeiten zum Streamen und Let's Plays. Das Beobachten erfahrener Spieler kann wertvolle Einblicke in **Spielmechaniken**, **fortschrittliche Taktiken** und **geheime Entdeckungen** geben.

4.1 Twitch und YouTube

- **Twitch-Streams**: Viele Spieler streamen *Shotgun Cop Man* auf **Twitch**, wo du ihnen beim Abschließen von Levels, beim Entdecken von Geheimnissen oder bei Speedruns zusehen kannst. Sie können mit Streamern über den Chat interagieren und neue Tipps und Tricks in Echtzeit lernen.

- **YouTube Let's Plays**: YouTube ist eine weitere großartige Plattform, auf der Sie **Let's Plays** von *Shotgun Cop Man finden können*. Diese Videos enthalten oft vollständige Komplettlösungen, Herausforderungen oder **Tipps**, die dir helfen können, schwierige Abschnitte des Spiels zu meistern.

4.2 Community-Streamer

- **Top-Streamer**: Es gibt mehrere beliebte Streamer innerhalb der *Shotgun Cop* Man-Community, die das Spiel regelmäßig übertragen. Diese Spieler gehen oft an die Grenzen des Möglichen, sei es durch das Abschließen von Levels mit bestimmten Einschränkungen oder durch den Versuch von Herausforderungen mit hohem Schwierigkeitsgrad.

- **Neue Streamer**: Wenn du auf der Suche nach frischen Perspektiven oder neuen Strategien bist, können kleinere Streamer einzigartige Ansätze für das Spiel bieten, die du in Mainstream-Videos vielleicht nicht findest.

4.3 Speedrun-Gemeinschaften

- **Speedrun-Events**: *Shotgun Cop Man* hat eine aktive **Speedrun-Community**, die regelmäßig **Speedrun-Events** organisiert. Diese Events werden auf Plattformen wie **Twitch** oder **YouTube gestreamt** und zeigen die effizientesten Wege, um Levels in kürzester Zeit abzuschließen.

- **Von Speedrunnern lernen**: Wenn du **Speedrunners beobachtest**, lernst du **fortgeschrittene Bewegungstechniken**, **optimale Kampfstrategien** und die effizientesten Routen durch jedes Level.

4.4 Lernen Sie von den Profis

- **Profi-Tipps**: Wenn du professionellen Spielern zuschaust, kannst du ein tieferes Verständnis für fortgeschrittene Mechaniken wie **Rückstoßspringen**, **Waffenmanagement** und **Boss-Strategien bekommen**. Diese Profispieler teilen oft ihren **Denkprozess** während des Spielens, was eine unschätzbare Lernressource sein kann.

www.ingramcontent.com/pod-product-compliance
Lightning Source LLC
LaVergne TN
LVHW051716050326
832903LV00032B/4242